Emil Schultz

Gaskognische Grammatik

1. Band

Emil Schultz

Gaskognische Grammatik
1. Band

ISBN/EAN: 9783744640060

Hergestellt in Europa, USA, Kanada, Australien, Japan

Cover: Foto ©ninafisch / pixelio.de

Weitere Bücher finden Sie auf **www.hansebooks.com**

Gaskognische Grammatik.

Teil 1.

Lautlehre.

Inaugural-Dissertation

zur

Erlangung der Doctorwürde

der

philosophischen Facultät der Universität Jena

vorgelegt

von

Emil Schultz.

Greifswald.

Druck von Julius Abel.

1893.

Orale Konsonanten.

A. Die Labialen.

Der stimmhafte Verschlusslaut b.

1. Im Anlaut ist b erhalten
barba-barba Lucq fo 64 r 12. Jhdt., bellu-bet Big 6 r, bella
bera Gab 1268. bene-ben Orthez 1246, S^{te} Cr 1237. boscu-
bosc Big 7 r, bonu-bo Monts 1236, bono-bono Sauvet 1253.
bladu-blad Léz 1189. blanca St Gaud 1248. brunu-bru
Morl fo 8. 12. Jhdt.
Beispiele aus neuer Zeit: barbarju-barbè (Pr. bé) barba-
barbo. (Ast) balneatu-bagnat (Ch p. bé) Baiona-Baiouno
(Pr. g) beccu-bec, davon beccutu-becut; beccatu-becat
(Jasm.) bestjarju-bestiar, beb(e)re-bibre, beure Mœurs bé
1471. bellu-bet, bella-bera, bercarju-beryè, bercarja-beryère
(Desp.) bet, beres, battualja-batalhe (Nav.) bet, bocca-
bouque bonu-boun, bebere-bebe (Serm.) bannire-bani, Calv.
v 883, bebo 1128, bet 1393, bountat 48. bravare-braba
2030. boun (D'Astr. p. 31) bet, bando 33 bon a(u)gurju-
bounur 34, bero 49. besonju (v frk sunjan)-besouing 51.
bursa-bousso 53. bruma-brumo 54.

2. b im Inlaut
a) intervokal. Intervokales b ist zu einem Mittel-
laute zwischen b und v geworden, der in den älteren
Texten durch b, v oder u bezeichnet wird. Heute schreibt
man u in Armagnac, Comminges, Lomagne, Condomois,
u. Bordelais, in dem übrigen Gebiete schreibt man b.
Nach der Parabole de l'Enf. prod. findet sich b in folgenden
Orten: Anglet, La Bastide-Clairence, Sauveterre, Arzacq,
Montaner, Aramitz, Accous und Bielle, d. h. im dép. des
Bas.-Pyr., in Aucun (vallée d'Arrens) Gèdre (canton de

1

Luz), Campan (pays de Haute-Bigorre). Diese 3 Orte liegen im dép. des Hautes-Pyr. und zwar im Gebirge. In der Ebene schreibt man u, also in Juillan, Pouyastruc Galan; nach Romania XII 566 auch in Bagnères de Bigorre selbst, ausserdem im Hochthal von Aure. b findet sich dann noch in Daumau (Canton du Mas d'Azill) also in Bas-Couserans, während in Comminges und Haut-Couserans u geschrieben wird. Das b in Bas-Couserans erklärt sich durch Einfluss des Nachbardialektes Languedoc. Schliesslich findet sich b noch im eigentlichen Bordelais (Bordeaux, Langon, la Réole und nächste Umgebung) und in Entre-deux-Mers (Créon) Targon-Libourne).

Nach Luchaire Id. Pyr. 221 stellt u einen Halbvokal dar, dessen Aussprache ungefähr dem englischen w gleichkommt. Hiermit stimmt überein Dejeanne Rom. XII 568.

Beispiele: com. demandabat-demandaua Monts 1179, habere-auer ib 1236. debemu-deuem ib caballarju-cawarer Léz 1232. debent-deuen S¹ Gaud 1248. arièg caualer Mas d'Azil XI. Jhdt.

arm. caballu-cauad S¹ J. du M. 11. Jhdt. deabantedeuant ib; auer Auch 1256, auem, cauad ib 1259.

agen. auer Cast 1256 deuen ib deuer 1262, 1270 ab antjus-auants 1270.

bord. cauad la Réole 1083 auer, deuen Sauve 1240 deuen S¹ᵉ Cr 1235, caueir ib 1291, stabant-estauan Bord 1262.

land: auer, deuen, portauen Beyr 1256 habitu-auid Gab 1268.

bay: aue L d'Or fo 24 v, cauuer ib 30 r, auen ib 44, 1259.

big. caual Big 1 r, auen, deuen 4 v, cauad 7 v, tauerna 7 r, demanauen 17 r, scribanu-escriuan Bagn 1260.

bé. cauuer Soule 1252, cauuers Sauvet 1253 caualgada Olor.

Besonders in Béarn und Big findet sich b. béarn: dabat-daba, deber, staba-estaba, mandabat-manaba, Olor. tribaculatis-tribaillaz. Sauvet 1253, tribalhaue ib big: trabail Bordères 1272.

Beispiele aus neuerer Zeit: nach Par. de l'Enr. Prod.: com. awio, dewi, awe; dezirawo, minyawon arm. awewo, dezirawo, balhawo, minjawon, bord. (S¹ Vivien): awe, diwi, mintzawon, dounawon. Land. (Mimizan) diwi, deuzirewo, minjeweun, balhewo. big Ebene, awé, dewi, dexirawo, dawo. Gebirge b: ayebo, dabo, dezirabe, minyaben, dabe. be: abe, abondanso; dezirabo, minyabon. balhabo. bay abe, minyabeun, balhabo, debi.*

b) b vor Konsonant.

α) bb   bb vereinfachte sich zu b.

abbate-abad Beyr 1256, Auch 1256', 1258 Bagn 1260', Tarbes 1251 abat S^{te} Cr 1235 abas ib 1291 abadia Lucq fo 65 v 12. Jhdt., S^{te} Cr 1275. Abbate-abat Fond. v 1920, rabbi-rabu.

β) b vor Liquiden.

1. vor l. primäres und sekundäres bl ist erhalten, hierbei ist jedoch zu bemerken, dass die Worte als gelehrt verdächtig sind. publicu-public Auch 1256', Olor; obligare-obligar, obliguei L d'Or so 47, 1261; nobile-nobla Cast 1256, 1270. — abilis-able: durable Bagn 1260' aprofetabla Sauve 1240. honorabile ondrable L d'Or fo 47, 1261. stabile-estable Cast 1256. oubligat (l'arabole) oublignatz (Nav.) publica (Fond. v. 2313). espabentable v. 2300, nubla 2370, moble 2610. sensibles Serm. terrible ib. nublas (Psalm 29 Sal.) noblo D'Astr. 5 veritable, espawentable p. 19. amiable 21 v. 41; tarriblos 32, agradable 41.

Das Suffix-abula wurde bereits im vlt. zu -aula: tabula-taula L d'Or fo 24. 12. J. parabula-paraula Monts 1179, Léz 1189, Big 27r paraulo Bagn 1260². palaure Bagn 1260¹ Tarbes 1285, palaura S^{te} Cr 1290. Heute taule u. paraule E. Picot, Nav., Fond. retaule Fond. v. 2240.

2. vor r. In primärer Verbindung finden wir br nur in wenigen, wahrscheinlich gelehrten Worten; in ihnen ist br erhalten. libra-libra S¹ Miets 1244, Cast 1356, libro S^{te} Cr 1236, Cast 1270. liber (gen. libri) -libre Gab. 1268. Aus dem kirchlichen Gebrauche ist das sicher gelehrte selebrar (celebrare) Cast. 1270 übernommen. Wir finden

jedoch von libra-liure Bagn 1251 und heute liuro(g) (pero de liuro) und liure (bé. Lespy), so dass wir dieses Wort als volkstümliches betrachten können. In libre und celebrare ist noch jetzt das b erhalten; libe Fond v 1448, Serm. p. 13, D'Ast. p. 21. celebra. Von libre abgeleitet libret Jasmin.

Sekundäres br wurde vor Ausfall des Vokals zu ur: liberare-liurar, v liura Bagn 1251, S^{te} Cr 1252, liuri L d'Or 1265, liura Bardères 1252, liurian Cast 1270 liurad Gab 1268 liurade Bagn 1260[1], deliurar L d'Or 1259, bibere-beure Big 8r, Beychac 1236, Cast 1270. Heute laborare-laura, laboratore-lauradou D'Astr., Fond. v 130. Liberone-Liuroun Prov. deliberare-deliura (Cortète, D'Astros, A. de Salettes) biberaticu-beuratge Fond. v 879.

γ) b vor anderen Konsonanten in sekundärer Verbindung wird vor Ausfall des Vokals zu w und nach demselben zu u: debitu-deut Cast 1270. deuta ib u. S^{te} Cr 1290, debitore-deutor L d'Or fo 61. Olor, S^{to} Cr 1290. malhabitumalaus Rom. XII p. 578, malauda (ib v Nav.) gabita-gauto (D'Astr. 29. Fond p. 34 Anmerk. 3).

Nach lat. u, welches selbst zu u (geschr. ou) wurde, bleibt b erhalten, wie subito soubte, dubitare-doubta; es wird selbst p gesprochen und in Bord. auch geschrieben, soupte, coupte; doch auch Fond. (v. 1574) schreibt soupte.

bbd wird wie pt behandelt. Siehe dieses.

In den Präfixen ab, ob und sob assimilierte sich bb an den folgenden Konsonanten: absolvere-asolber Monts 1179, Cast 1262, asoubre Cast 1262, asolbem Bagn 1260[1], assoubo Bordères 1272, asolt Auch 1258, assoute Tarbes 1281. obscuru-escur Cast 1270 sobfrire-suffrir, sufertes Bagn 1251. Heute escu Fond. 708, 1124 escuretat v. 2385. soufri, soufrento, soufrentous (Jasm.) Durch den kirchlichen Gebrauch ist heute ab erhalten in absolbe (Fond. 604).

c) b nach Konsonant bleibt erhalten: ambedui S^{te} Cr. 1290, von barr, imbarrico: ambaradz Bagn 1251. albu-alb Big 2r. barba-barba Lucq fo 64 v, 12. Jhdt. barbeiadre

S⁰ Cr 1248, barbacanas Bordères 1262; arbore-arbe Bagn 1260¹ arbitre Bord. 1251. desembargar S⁰ Cr 1292, embargade Big 4v, embargaz Ld'Or so 45, 1259. embarrad Olor., enbares S⁰ Cr, 1290 embargs Bagn 1251. herba-erbe Bordères 1252, Beyr 1256, erba Bord. 1262, herba Olor, erbagge Monts 1179, herbadge Big 30r; turbade Beyr 1256. garbaticu-garbadge Sᵗ J. du M. fo 19. 12. Jhdt. garbage ib, garbagge Sordes p. 57. plumbu-plomb Bord. 1275. Heute embarra-s Fond. v. 2292; von tumba: toumbèu ib 2429. plumbare-ploumba (Jasm.) arbore-arbe Fond. v 45, herbaticu-erbatge, davon arbaja D'Astr. herbidu-erbut (ib) erbudo (Jasm.) turbulentu-turbulent (ib). plomb Fond. v 2381.

Wie im Gem. Prov. ist in Jac(o)bu der nasale Labial für den oralen eingetreten: Jacme Sᵗ Mich 1244, Orthez 1246, Auch 1259, Jagme Ld'Or 1261.

Gefallen ist der orale Labial nach dem nasalen Labial in september-setemer Ld'Or 1265. Heute septeme Fond. 567. setemer (Gast.-Phoebus).

Der stimmlose Verschlusslaut p.

1. Im Anlaut

Im Anlaut ist p erhalten: pane-pa Big 3v, patellapadere Bord. 1275. pavore-paor Beyr. 1256, pacare-pagar Orth. 1246, Cast. 1270. pesu (cl. pensu)-pees Bagn 1251, Pau 1270, Clor. pede-pe Auch 1259², Cast 1270. pica-pica Gab 1268. plombu-plomb Bord 1275 potere-poder Big 4v, Sauvet 1253 pode Bagn 1260² putante-pudant S⁰ Cr 1217. pratu-prad Léz 1140, Big 6r.

Heute: Pastore-pastou, prata-prade, portatu-pourtat, prede-pee (Desp.) pagese-pays, passatu-passat, pastou, pavore-poou, parabola-paraule, planu-plaa (Nav.) plenuplec, planu-plaa (Peyret). patre-pay, precates pregatz, poou, (V. de Bat.) paraule, passat, pecat, plague, part, pay, plee Serm. paa, pastou, paraule, petra-peyre pellu-pèt picapigue, porc (Fond.) passu-pas D'Astr. 30, part 30, pay 32, pede-pe 30, periclu-peril 35 persouno, perdoun 39 presenta

30. pay, part, paue, prenguen, poudes, pecat, praube (Par. de l'Enf. Prod.)

2. Im Inlaut

a) intervokal. Der stimmlose Labial wird intervokal stimmhaft.

receperent-arceberen Monts 1179, super-sober ib, St Gaud. 1248, Cast. 1270, nepote-nebog Monts 1235, receputu-arcebut Cast. 1262. nebodz ib; recebud Auch 1256[1] crepare-crebacor Mas d'Azil 11. Jhdt. sabude Big 27 r, prepositu-prebost Bagn 1282, deceputu-decebud Tarbes 1285, recebe Arné 1260, sabent Soule 1252, sabude Orth 1246, abert Olor, ripariaarriberia L d'Or fo 22 ripera Sordes p. 107, arribere p. 120 decebut Beyr 1256, cuba Gab 1268.

Aus späterer Zeit: crebe-cor, sapere-sabe, rapa-arrabe Serm. tropare-troba Desp. (Picot) praube (Desp.) saperesabe D'Astr. 5, suber 9, crepare-creba 37, rapare-arraba 16. capere-cabe Fond. v 1357 recebe 533, decebut 1639, lupaloube 2595 sakere-scabe v 1. cepa-cebe, lupa-loube, apiculaabelhe, capere-cabe, nepote-nebout, pipere-pebe, recebe, arrabe, sabe Lespy.

Tritt p nach Abfall des Vokales in den Auslaut, so bleibt es p: recepit-arcep (Olor) daneben arceb (ib) capucap Big 2 v, 6 r, 16 r, Lóz 1189, aber cab Gab 1268. Heute cap D'Astros 182, loup (ib, Prov. 9) cap Fond 150 recepetarcep, sapet-sap, cap-d'ase (Cortète) cap, cop, loup, sap, plap v. palpare-plapa (Lespy 387).

pp wurde zu p und blieb als solches erhalten: appellareaperar d'ou apera, aperade Bordères 1252, aperat St Gaud 1248. appartenir-apertier (d'ou) apartenen Tarbes 1281 apertener, aperten S^{te} Cr 1290 aperte Bordères 1252. aperten Bagn 1260[1] apertinencie ib apertiement Arné 1260 apertenement Auch 1256[1] Gab. 1268, Cast. 1270. apportareaportar Sauve 1240 Big 19 r, S^{to} Eul 1237. aportara Bagn 1254 aporteran S^{to} Cr 1235. aportera ib 1238. appariculareaparelar Sordes p 138. apareilad Soule 1252. v. truppa-tropes L d'Or 30 v XII s troppa-tropas fem. pl. Bagn 1260[2].

troppa-troupe Serm 9 appellare-apera 9 scuppire-escoupi

10. suppa-soupe; vom germ. lappa:lapis. von trippa oder altusrk trippôn:tripes. ib.
von truppa: troupèt Desp. v. drappu:drapèu (Navar. u. Peyret) troupetz (Vignancourt.) appellet-apèro von capporc:capulet. trappa-trapo bei Fond. trappe geschrieben, doch trapo gesprochen, es reimt mit escape: Fond. 1141/4. p vor l und r wurde stimmhaft. populu-poble Lez fo 286 v. 1232, Big 4 v. populatore-poblador Olor, Bagn 1251; aprile-abril Luz 1236, cupru-cobre Bord. 1275 apricata-abracado Bagn 1251 supra-sobre S^te Cr 1235, Feuill 1337, Auch 1257; supra illos-sobreus Feuill 1237, Sauve 1240, supradictu-sobrediit L d'Or so 44, 1259; opera-obre ib 24 r, obra Cast. 1270 operarju-obrer Bord. 1262, operatarju-obredeir Bay 1282, dis conoperire-descobrir, descobrisen Bagn 1260^2. Populu-poble (D'Astr. Fond. v. 27.) aprile-april Henry IV, 1585. capra-crabe Lespy; caprare-cabra (Jàsm.) capriolata-cabrioulado (D'Astr.) opera-abro, operare-oubra (D'Astr.)

b) p vor t. p assimiliert sich an t. pt:tt:t. In der Schrift erscheint pt ziemlich häufig, das p wird jedoch nicht gesprochen, denn wir finden dieselben Worte mit und ohne p selbst von einem Schriftsteller, Fond. schreibt z. B. escriture v. 416, 417, 483, 711, 794 etc., escripture v. 679, 687, 719, 734, 735 etc. septem-sept Olor, aber setembre S^to Cr. 1297, setember Ld'Or 1065, 1265, setmana Luz 1236. Lespy Gr. bé. 88 bemerkt, dass die Dorfschulkinder excettion sprechen, wenn sie exception sprechen sollen und führt fort: Nous avons lu dans une déclaration de mariage écrite à Morlaas en 1780: — Je leur ai donné la bénédittion nuttiale; — Lacrampe, curé." So wird nach Lespy ib arrecatta, recatta für arrecapta, recapta gesprochen, settante für septante, setteme für septeme, dissatte für dissapte. Setemer Past. Phoeb. 1385, während Fond. ethymologisch septeme v 567 schreibt. Geschrieben wird p in septem-sept, nach Lespy 90 jedoch nicht gesprochen.

Septimana - setmana Luz 1236. Heute semmane (Lespy 90), semmano (D'Astros 190).

p. vor s. In den alten Urkunden finden wir nur Beispiele mit ps, welche von ipse kommen, die Schreibung ist sehr verschieden: is, iss, issh, isch, ex, ix, eise, ig, wahrscheinlich bezeichnen diese verschiedenen Schreibungen die gleiche Aussprache, auch heute schreibt man noch ch und x und spricht s Lespy Gr. bé 169.

arm meteis Auch 1257 agen medyss, mediss, medissha Cast 1270 mechis 1262 bord. medis, medissa S^te Cr 1235, medihs St Mich. 1236, meig St Eul 1237, medis Sauve 1240, land medis Beyr 1256, mezis, mezissa Gab 1258. bay mediis L d'Or 30r 12. Jhdt. medijhs fo 44,1259, medische fo 45, eschament ib bé; medisca Sauvet 1253, medixs, medixa exament Olor. big medeix, Big 13r, 14v, madeis 13r, 18v, mades Bagn 1251, medis, meteise 1260² mazeis' Bordères 1272, Tarbes 1275 mazeixe Tarbes 1281, eyschament Big 19v.

. Aus späterer Zeit: medich, medix: Parlem encoua dóu medich pople D'Astr., au medihx pseaume (Fond. 145) capsa-caxe: Tres cachas (drep.) casee (Lespy) capsale-caxau. Que han trabalha lous cachaus (Fond. 142 Anmerk 3). Que-m hetz arride lous caxaus (Prov bé).

p nach Konsonant bleibt compania-compaia Léz 1189, compagna, companhie Olor. corumpament Bagn 1251, desemparat S^te Cr. 1271, carpentarju-carpenter S^te Cr. 1243, emparedor Cast. 1256, enparador Feuill 1237, emparar Cast 1256, Auch 1256¹ empara Big 15v, campana Sordesp 146, campir L d'Or fo 51 1258, gorpir Bay 4v, gurpid, gurpida Cast 1256, respondere-responer, arespondre, aspondre, davon aspone Soule 1252.

Respono (Hist. s^te I, 54.) respoune (Serm.), temperare-trempar, trempes, (ib p. 10) coumpanhie (p. 13) respoun (Cont. pop.) v. tr(i)umpare-troumpète, v. ramp; rampèu (Nav.) harpa-arpe Fond 1138, campane 1273, campanè 2278. campanhe (E. Pieot), Vign.) limpide (Vign.

Obwohl p in campu-camp und tempus-temps geschrieben wird, ist es nach Lespy 90 verstummt, camp Léz 76v, 1230, St Gaud 1248, temps Big 27r, Ld'Or 30v Monts 1236,

Sauve 1240. — Heute temps, printemps (Fond. v. 557/8) printemps (Gassion) temps (V. d. Bat.) Aber schon S^tCr. 1235 tems und Bagn 1351 tens, tems D'Astr. p. 7. Zwischen Konsonanten fällt p, wenn die Gruppe unaussprechbar ist, d. h. wenn der folgende Konsonant keine Liquida ist, comp(u)tare-comtar, comtad Auch 1260, contad Cast 1256, contad Beyr 1256, Tarbes 1281; comtant Ld'Or fo 64, 1261.

Heute computu-coumde, conte Fond. v. 72.

Folgt eine Liquida, so bleibt p erhalten: ample St M. 1236 complire-conplir Big 4 v, Cast 1256, cumplir Bagn 1260[1] complian Sauvet 1252, cumplisen Bagn 1260[2] cumplis ib complid Cast 1262 Gab 1268 exemplu-eissemple Soule 1252, mespilarju-mespler Big 7 r; comparare-comprar Olor, compra Léz 1232, L d'Or 24 v; conpra, conprad Big 6 r vespre L d'Or 1259.

Heute: complire-coumpli Fond 143, complettes ib 2067, contra-countro, countro-punto (D'Astr.) ramplida Psalm 29, mesplè (Prov. g., Prov. bé, Serm,) vespre Fond 861.

Der stimmhafte labiodentale Reibelaut v.

Eines der charakteristischen Zeichen des Gaskognischen ist das Fehlen des v, es wird im Anlaut durch b ersetzt; dieses b bezeichnet den stimmhaften bilabialen Verschlusslaut, welcher auch im Spanischen für v eintritt. Dieser Wechsel von b und v fand schon in früher Zeit statt, nach P. Raymond, Dict. topogr. des B.-Pyr. findet sich bereits in einer Karte vom 10. Jhdt. Berdes für Verdets. In unseren Urkunden herrscht die Schreibung b in den Pyrenäen vor, während v und u sich besonders in Agenais und Bordelais finden. Ob aber b, v oder u geschrieben wurde, die Aussprache wird immer b gewesen sein, denn ein Schreiber wendet in denselben Worten bald diesen bald jenen Buchstaben an. Noch Heinrich IV. schreibt am 6. Febr. 1585: Françoise Bergeron, femme du cappitaine Ils und einige Zeilen weiter „ladite Vergeron."

Beispiele für die Schreibung b.

com. vedentes-bezenz, bezentz Monts 1179. bezens ib 1235, voluntate-botentad ib, bolentat 1236 vinja-bina 1235 vitale-bidau ib; bina Léz fo 75. vicinu-bezin Léz 1140. bolentat, voluit-bolge St Gaud. 1248.

agen. vinu-bin Cast 1270, vacca-baqua, vascella-baichera ib.

arm. villare-bielar St J. du M. fo 12 v. 11. Jhdt. vecinu-besi ib 37 r. 11. Jhdt. valle-bed Simorre fo 375 v, bel ib fo 379 (1128) bad fo 379 r (1132) bed fo 382 v. vendutu-benud Auch 1256^2 bene 1258 bende ib, bolentat ib und 1259. bord. vestiri-besti S^{te} Cr. 1234. vidua-biuta S^{to} Cr. 1234. vinja-binha 1235, vinu-biu 1238. venta benda 1237 viridu-berd 1291 vul(t-bon ib; viridarju-berger St Mich. 1244. vitatu-bedat Sauve-Maj fo 371. verruca-borruga (Warze) la Réole 1189. vitale-bidau S^{to} Eul. 1237. Bord. 1262 vasa-basa Bord 1262, bertat, vidit-bil ib; vetru-beire, vacca-baque ib 1275.

land. vinjale-binau Sordes p 118. vecla (vetula) bieille p 87. via-bie p 125. villa-bile p 130. veder p 135, valore-balor Beyr 1256; vedrhabent-beiran, bende, bendicion ib.

bay. viridarju-berger Bay 1247. L d'Or 24 r, vecinu-bezin 24 v, vedetore-bededor 30 v, becebez fo 47, 1261. boler fo 67, 1265.

béarn. vivjanu-bibian Orthex 1246, bolentat ib, vale(t-bau Soule 1252, balos, bert, bescoms besconte, bescunte ib; bederan Pau 1270 bener, bicil ib; baca, beguer, beguier, bestidura, bezi. Olor. big. bacca Big 3 r, bin 3 v, bezi, vallu-bat, 4 v; bigna 6 r vaccarju-baquer, vicarju-bequer 4 r beger 7 r Bagn 1251. vicu-big 8 r venere-bier, vere-condja-bergogne ib. volga(t-boelha 17 v, vecinale-beziau 31 v venere-bener, Bagn 1251. bende, benen, benera, beneran etc., begada, bezin, bielhessa, bezial, beziau ib valetarja baledere 1260 veritadarja-bertadere, vivu-biu(s, berdz, ib. veridarju-berge 1260 beziau, bignha, beze, balor, boluntat, beiran ib; beno, bezens Arné 1260. beno Bordères

1252, bezeran, bius, bielo ib biele Tarbes 1273 benut ib
1281 bezii, bide, bezeran 1285.
Beispiele mit der Schreibung v und u.
ariège Vilanaua Mas d'Azil 1170. uila, uinha ib
11. Jhdt. com. uoluntad S' Gaud 1248.
    agen. vener Cast. 1256 vendre ib; veyran, vista 1262;
vin, valor, valedor, viande, vults, vestir, vila, volerhabet-
vorra, vigoros ib 1270; uendud, uenduda 1256; uoluntad,
uita 1262; uita, uulh, uener, uin, ualor, uoluntad 1270.
    arm. uesti Auch 1251; uilla ib C. n. XV. volemu-
uolem 1259. 1258. ualor 1256².
    bord. Vicens Sauve fo 330. vinha, voluntat S' Cr
1234, vita 1234, 1235; venir 1271; vin, vicari, vendenha
1290; velha, videt-vi 1292. vestidon 1295. vigoros S' M.
1236; vezer, vengossen Langon 1270.
    uendetor, viridjarju-uergeir S'° Cr. 1235; uoluntad
uendo 1237. uertadeire 1271. ucraia 1246. uendre vicarju-
uegeir S'° Mich 1236; ualens Sauve 1240.
    land. vinhau Sordes p 123, villa-viele p 141. uoiantad
Beyr. 1256. ualença, ualen, uestira, uolon Gab. 1268. bay.
veneud, veritad, vespre, vie L d'Ot 1259. voler'habent-
vorran so 45 Vicens so 51. vene Bay 1282. uerd L d'Or
1259. béarn. veru-ver(s, vencon Soule 1252. vertat,
vescoms Sauvet 1253. vena, venut, veraye, vesconde, vescoms, vi, viele, vole, volu, vulha, voleran, vieren, viencon,
viencosse, Olor. vos-uos, uolhatz Sauvet. 1253. big. uolen
Big S r, uolgos 13 r, uolg, uenco 16 r, uol, uolh Bayn 1251
vinu-uii ib; uotuntat Arné 1260. uerain Tarbes 1285.
    Heute schreibt man nur b. Wann diese Schreibung
sich festgesetzt hat, lässt sich nicht genau bestimmen,
jedoch findet sich v und u seit der ersten Hälfte des 15.
Jhdts. seltener, wie wir aber gesehen schrieb noch Henry IV.
1585. Bergeron und Vergeron und Fondeville schreibt im
Calvinisme de Béarn bigne und vigne v. 877/8: Louquoau
planta lasbels bignes y bereignes Et sus la terre hou lou
permo deu vignes.
    Beispiele: Aus Parabol: com. viaticare-bougatja, vasiletu

(v. kymr. gwas Bursche) baylet, vostru-boste, vitellu-bedet,.
vos-bous. arm. boujatja, boste betet bous, boutat; bord:
biatza, bingut, bayletz, boste, bedet, bous; land: biatja,
bayletz, boste, biste, bedet, bous; béarn: biatyega, bayletz,
boste, biste, bedet, bous; big bougatja, bayletz, boste, biste,
bedet, bous. Fond. Calv. vedere-bede v 7. vicia-besse
(Wicke), volere-boule v 108 veritadarju-bertadé 240, vinu-
bii 309, vivu-biu 1105 volpe-boup 1314; veclu-bielh 2343;
votu-bot 2352 volare-boula 2352 voce-boutz 2490. Serm.:
bedent, bous, bostə, bouletz, boulera, bertat, baque, bienem,
vol(t-bou, bente, voce-boutz, vedjamu-beyam, bii, D' Astr.
bous, besetz p. 3; bostes, bisatge ib; vaceo-baquo, baleto
4; bito, beray 5, bisto, bin 8; balut, v. venter: bentresco
(Bauchspeck) 9, boulera 11; boli 12 bux 12; bertuts,
bingt 83. Cenac-Moncaut: boste, violetta-biuleto, vos-bous
p. 288. villa-bilo, ba bese 292, besin, vendere-benc 293.
V. de Bat.: boste, bous, Bierye, voljo-bouy.

2. v im Inlaut

a) intervokal. Intervokales v wurde bereits in früher
Zeit zu einem Laut, den wir mit w bezeichnen (vergl. oben
intervokales b). Dieser Halbvokal wurde allgemein gesprochen auf dem ganzen Gebiete des Gaskognischen:
Villanova-Bilanaua Monts 1236, Vilanaua Mas d'Azil 1170.
aniversari Auch 1256. anniuersari Cast 1270, Ste Cr 1269.
nova-neua Ste Eul. 1243. levare-leuar, woher leue Bord. 1252,
leueren Big 4 v euangeli Feuill 1237. Ste Cr. 1243, Olor.
deuizar, deuizad Ld'Or fo 51. 1257. movere-mouer, mauer.
maue Olor mouenz Bagn 1260[1]. Zuweilen wird v geschrieben levad Soule 1252, nova Mas d'Azil 1170, St J.
du M. 16 v. Sim. 12. Jhdt. Heute spricht man w in
Armagnac, Comminges, Lomagne, Condomois, Landes,
Gironde ausser Bordelais und Entre-deux-Mers. Intervokales v wurde also auf dem Gebiete zu w, auf welchem
intervokales b zu w wurde und es wurde da zu b, wo b
als b erhalten blieb (vergl. intervok. b). Vereinzelt findet
sich b für v schon in den alten Urkunden Vivianu-Bibian
Orthez 1246. Die Aussprache wird also zu dieser Zeit sich

schon der des b, d. h. dem stimmhaften bilabialen Verschlusslaut genähert haben. Erst gegen 1600 scheint die Aussprache b ganz durchgedrungen zu sein, denn wir finden noch z. B. Hist. S¹ᵉ font vivo neben Testament Nabeg; 1471 lavadores, lavar. M. bé. Häufiger wird jedoch b geschrieben: pribat, theba-s de dormir, lebe aquest poble, nova-nabe, movere-mabe(r), espabentat (Hist. s¹ᵉ). Trotz der noch vereinzelt vorkommenden Schreibung von v wird die Aussprache gegen 1500 b gewesen sein. Heute nur b in den oben angegebenen Gegenden.

Beispiele für b: levare-lheba: E calè lheba pees (E Vign.) Lous pastous que-s theben terribles fusilhès (Nav.) lou coo bee s'em lhebe (Fond. 63). E ques lheba (Parab. v. 7 Sauvet.) theba (Anglet, a Bastide-Clairence, Arzacq, Aramits, Accous, Bielle, Gèdre, Daumazan) thebe (Campan, Aucun) lebee (Oust). theba (Rom. XII 578,26, Aste). novellunabèt (Noël) (Fond. v 1310, Pieot). nova-nabe (Prov. bé.) Bielenaba (Cont. pop.) novella-nabere (Serm.) devinu-debii (Fond. 1210) expaventa-espavente Fond. 2556. spabentable ib 2572. avalare-abala (Pr. bé) coactivarju-caytibè (Pr. bé) tire-m de caytibè (Lamolère); avellanu-aberaa (Nav.).

Beispiele für w: lhewa (Par. v. 7. Montaner, Juillan, Galan, Pouyastruc, Aragnouet), levee (Aspet, Ricumes); lhewee (Mauleon de Barousse) lheweeh (Sentein) lüwa (Mimizan) lewi (v. 7. Masseube, Sᵗ Vivien) lewa (Aurignac). lewat (C.-M. 298). devina-dewino (D'Astr. 15). Per la bouca de le dewino (D'Astr. p. 4) coactivarju-caytiue (ib 45) traversu-trawèo (ib 45). bavardu-baward (ib 17). novellunawet (95). sourelh lewant (148). Navarra-Nawarro (150).

Vor den rundlippigen Vokalen fiel v sehr früh: pavore-paor Beyr 1256; per paor de la mort Hist. s¹ᵉ poou (Nav., V. de Bat., Fond. 1201, Noël D'Astr. p. 52). pavonepau (Nav.). Ebenso nach den rundlippigen V. jovenejoaena S¹ᵉ Cr 1238 noch erhalten in jouen Big 4v. Heute jouen (D'Astr. 148) Ps.

Gelehrt ist fabou (favore) Privileges 1676. D'Astr. 29. novella-noubelo D'Astr. p. 15.

Tritt v nach Abfall des nachtonigen Vokals in den Auslaut, so wird es allgemein zu u, auch vor flex. s. rivu-arriu Big 6 r, S^te^ Cr 1260. ariu Sauve f. 330, arius Sordes p. 120, riu Auch 1260, vivu-biu S^te^ Cr 1238, bius Bagn 1260, Bordères 1272, novu-nau Big 3 r, Sordes p. 22, Cast 1270. Pau 1270 neu Bord. 1262. Arriu (V de Bat.) biu (Nav., D'Astr. 49) clave-clau (Desp.) novu-nau (Diet. bé, Fond. v. 894. nove-nau (Diet. bé, Priv. 1676.) tardivu-tardiu (Ps. Fond. 136.) natiu (Priv. 1676, Fond. v. 126.) arriu (Fond. 2348.) estiu (Hourc., D'Astr. p. 9., N. Past.). leu (Ps.). navu-nau (C.-M. p. 286).

v nach Konsonant stellt sich in der Schrift dar als u oder b; die Aussprache war wohl ursprünglich w, ging aber bald allgemein in b über, daher schon früh b geschrieben. Heute nur b geschrieben und gesprochen.

Beispiele für u: servicju-seruici Big 7 r, Auch 1256², Bagn 1260¹; seruidor Big 30 r, 1256, S^te^ Cr. 1291. solvere-soiuer Big 17 r, salvata-saluada Cast. 1270, saluation ib und Auch 1259; salvaticu-saluadge Beyr 1256.

Beispiele für b: asolber Monts 1179, Cast. 1262, asolbem Bagn 1260¹, asolbeg Monts 1179, solbo Léz 1189. male levatu-malbad Bagn 1260². Wenn l schon zu u geworden, finden wir stets b: solvere-soube Olor; silva· seuba Olor, Big 30 r, seube Sauve 1240, salvare-saubar S^te^ Cr 1237² saubem Sauvet 1253, saubas Soule 1252; salva-sauba Ste Eul 1237. saubatge Big 8 r, saubetat Olor.

Servire-serbi (D'Astr. p. 8), servicju-serbici (Serm., Picot) serbidou (D'Astr., Desp., V. de Bat.) Fond. 458. serbiciau (Lett. Orthez) serbiete (D'Astr. p. 8). salva-saube: Pagère saube (Fond. Past.) Saubo-Terro (Prov.) Saubadou (Noels, Jasmin, Fond. 457) saubadoura (D'Astr.) sauba (D'Astr. 269, Catech. 1788) saubament (Ch. prot.) sauba-cioun (D'Astr. 269) saubade, embiade (V. de Bat.) sau-badge (Natr. Lab.)

Tritt v in den Auslaut, so wird es zum bilabialen stimmhaften Verschlusslaut, daher finden wir stets b ge-

schrieben: corvu-corb S¹ J. du M. 11. Jhdt. salvu-snub
L d'Or 24 v.
Saub: Et se tien saub (Pr. de Gassion, Fond. Past.)
Diu vos snub (Hist. S^(r)) servit-sèrb. Sèrb coum cau
(Lespy Diet.)
v vor Konsonant wird zum Vokal u: vivre-viure
Sauve 1240 civ(i)tate ciutat Big 30 r Olor. ciutadan Auch
1256¹ ciutada Olor.
Biure Jasmin ciutat (Fond. 1149 Lespy) v pavore-
espauri Lespy. dies Jovis-dityaus (Picot, Lespy) mov(i)tu-
mout (Th de Bordeu).
Vor dem stimmlosen Dental wurde v in einigen
Wörtern zum stimmlosen Labial p bes. in Bay, doch
finden wir auch in Bordeaux Belege: ciptadan L d'Or
so 64, 1261; Bay 1272; S^(te) Cr 1292. ciptat L d'Or so 44;
1259, ciptat Bay 1272 S^(te) Eul 1243.

Dlé stimmlose Spirans f.

Im Anlaut in ältester Zeit erhalten.

fagu-fag Olor, falsu-falls Big 7 r, falsa-fause Bagn
1251, fede-fe Auch 1259, Gab 1268, Cast. 1270. fee Sauvet.
1253. fidelitate-fedautat Soule 1252; femina-femna Monts
1235, ferru-fer Bord 1275. festa-festa S^(te) Cr 1237. februarju-
fourer Monts 1256, Auch 1260, Gab 1268; fidele-fidel Big
14 r; filju-fil Tarbes 1285, Léz 1189; filja-filha S¹ Gaud
1248; fenestra-finestra Big 80 v; flagellu-flaget Big 7 v;
florinu-florin Bagn 1260² fonte-font Monts 1179, Sordes p.
119, forma-forme Bay 1282, fondament Cast. 1270 frate-
frai Monts 1179, L d'Or fo 51, 1258, Orthez 1246, Arné
1260 fustu-fust Bagn 1260¹.
Aber bereits zu Anfang des 12. Jhdts. finden wir im
Cart. de S¹ Jean de Sordes p 65 fines-hiis. und P. Meyer
Recueil p. 90 hat in der Strophe Gasconne du Descort de
Raimbaut de Vaqueiras vom Ende des 12. Jhdts. haisos
und hiera für faisos und fiera. Im Cart. de Bay. 12. Jhdts.
liest man Fathse und Hatze und im Dénombrement des

maisons de la vicomté de Béarn 1385. Fargoe und Hargoe,
Fontaas und Hontaas v. fabrica und fontana. Bonhont,
La horgoe, Lahütte, Laherrere Laballe, Hau Hondareyte
neben Bonefont, Lafargue, Lafite, Laferrere, Fau, Fonda-
reyte. Umgekehrt wird im L d'Or de Bay. f für das aspirirte
h des Baskischen Dialektes von Labourde geschrieben: fo
12 Ende des 12. Jhdts. Fondarraga so 14. Ferizmendi,
Sufarasu, Feribarren, fo 15 Fathse, Ferriete, fo 12, 1235
Ferriaga, fo 24, 1199 Ferriague. Cart. de Sordes fo 69.
1119/30 Befasken, fo 79. Anfang des 12. Jhdts. Olfegi.
Es sind dies die Namen für die baskischen Orte Houdar-
raga, Harizmendi, Zukarrazu, Haribarren, Haitza, Harrieta,
Harriaga, Olhegui, Behasquen. Es scheint aus den angeführten Schreibungen hervorzugehen, dass f und h seit
dem 12. Jhdt. den gleichen Wert haben und seit dieser
Zeit h gesprochen wurde. Wenn f für aspiriertes h geschrieben wurde, muss das h, welches für f eintrat, auch
h aspirée gewesen sein. Vergl. Luchaire Idiomes Pyr. p.
204 ff. und an anderer Stelle h, aspiration forte provenant
de f latin (p. 227) Lespy Gr. béarn. p. 61, Dict. bé. Artikel h. Die Leys d'amors II. 194 bemerken: D'aquest
mudamen uso for li Gasco, quar pauzo haspirativ so es h
en loc de f coma hranca per franca, rahe per rafe, hilha
per filha. Aus dem ersten dieser 3 Beispiele sehen wir,
dass f vor Kons auch zu h wurde, diese Wandlung ist
jedoch nicht so häufig wie vor Vokalen. Nur in wenigen
Wörtern findet sich h für f vor r und t und diese Wörter
kommen auch nur noch in wenigen Gegenden vor, die
Schriftsprache hat sie verdrängt.

Fr und fl wurden hr und hl wie wir aus dem Beispiel
hranca für franca (Leys d'amour) und aus hlaira von flag-
rare (für fragrare) sehen, letzteres ist noch in Armagnac
gebräuchlich. Luehaire ldi. Pyr. 205. Mistral Tres. d. Fel.
giebt an flore-hlou, hloureto, florire-hlouri, hlaira, flaccare-
hlaca, flaccarju-hlaquè fletrire-hletri, fraga-hraga, fratre-
hray, fructu-hrut. In Texten werden sich diese mit hl

oder ihr anlautenden Formen sehr selten oder garnicht finden. Das h ist schon zu einer Zeit verstummt, als noch f geschrieben, jedoch schon h gesprochen wurde. Bereits im Denombrement 1385 findet sich Raxos für Fraxo, Ranquine für Franquine, Rangole für Frangole. Fraga ergab frago (Gironde et Lot-et-Gar.) arrago in Couseran, Comminges, Bigorre, Béarn, Landes und einem Teil von Armagnac. Das in Armagnac, Lomagne und der toulousinischen Gaskogne gebräuchliche freso ist fremdwörtlich. Febre ergab mit Metathese des r frèbe, gebräuchlich in Bigorre Bearn und einem Teil von Armagnac, während in Couserans, Comminges und dem Thal von Barousse das echt gaskognische herèbe oder cerèbe verbreitet ist, in St-Vivien le Medoc wird hiure riulo, arriulo angewandt, riulo, arriulo in Landes. In der toulousinischen Gaskogne, in Lomagne, Agenais und Bordelais spricht man fièbre, das offenbar auf französischem Einfluss beruht. Formica ergab in Couserans, Comminges, im Thal von Barousse und einem Teil von Bigorre hourmigo, in der toulousinischen Gaskogne, in Lomagne und einem Teil von Armagnac hourmie, in Audenge und la Teste de Buch hourmit, in Béarn und Bigorre arroumigo, in Landes und einem Teil von Armagnac arroumie, in Bayonne und Umgegend arroumit, arroumits, in dem gaskognischen Teil von Agenais: roumie und roumigo. Vergl. Luchaire p. 246. So verschieden die angegebenen Formen auch sind, das geht doch aus ihnen hervor, dass anlautendes fr in der Volkssprache zu r und wio anlautendes r selbst zu ar (arr) wurde. Ebenso wurde fl—hl—l flagrare-hlaira, flagellu-laget, von flamma: lambret (Armagnac) lambraguech (Landes). In Béarn wurde fl zu l, dieses l nimmt aber gerne eine Vorschlagsilbe und zwar es: flagellu-eslayet Prov. flore-eslou (N-Past., Prov. bé.) florire-eslouri (N-Past., A. de Salettes, Bordeu, Lamolère). flamma-eslam noch gebräuchlich in der Bedeutung „kleine Flamme" eslam (Imit.) davon eslambrec, flamma-eslame: La hotz de Diu jeta hoecs, eslames e eslambrecxs (A. de Sal.)

2

Im Inlaut ist f in älterer Zeit in der Schrift erhalten, die Aussprache ist h gewesen wie im Anlaut, daher in volkstümlichen Wörtern heute meist h geschrieben.

defunct L d'Or fo 66, 1265 defenes Bay 1272 defene Auch 1256 defen, defenden Bayn 1251 defore ib und Arné 1260 defore Ste Eul 1243, maufaitor Bayn 1260² malefeite ib, malefeyta Cast 1270 forasfeit Big 12 r, forfeyt 14v, ferfeit 15 v, forzfad Tarbes 1273 arrefector Olor, Arrufat Big 8 r, Arufat S^te Cr 1237.

Heute infernu-iher (Serm, Tond 48, N. Past., D'Astr. 7) enfante-ehant, ehans (D'Astr. 83) calefacere-cauha (D'Astr. 94, N-Past., Prov.) cauhadès (Fond. Past.) confundere-couhoune cohona (A de Sal.)

ff, das in älterer Zeit meist als ff in der Schrift erhalten blieb, wurde wie die einfache Schreibung von f zeigt, als f gesprochen. Heute schreibt man meist ff beeinflusst von der Schriftsprache, doch finden sich noch hinreichend Belege dafür, dass auch ff h gesprochen wurde: offerire-auheri Imitat. auherentes (A de Sal.) auherenda (Lespy) affaminatu-ahamiat (Fond 591) ahamiades (Peyret) ahamiè (Imitat.) affidare-ahida ahide (Imitat, Luperbie-Cazalet) ahuma (Fond. 1460) Dictons de Bé, Meyniel).

Die Dentalen.
a. Die Verschlusslaute.
Der stimmhafte Verschlusslaut d.

1. Im Anlaut ist d erhalten. damnaticu-dampnadge Bayn 1251, Auch 1259, dare-dar Monts 1179 Big 3 r, Cast. 1262, etc. debere-deuer Cast 1262, 1270 deber Olor, dever S^te Cr 1235, digitu-did Bagn 1251. dikere-dizer Auch 1259, Bayn 1260¹ donare-donar Big 1 v Domenicu-Domec Sordes 1170, ducentos dozents Beyr 1256: domina-dauna St Gaud 1248, durare-durar Pau 1270. ducatu-dugat Beychae 1236 drappau-drap Gab 1268.

Aus späterer Zeit desertu-desert (Salettes) domanu-

douman, dolore-doulou (Desp.) de ab ante dancant D'Astr.
p. 30. dolke-douço, dikere-dise ib; dictu-dit 37, divinu-
douin 49. digitu-digt 55 dolore-doulou, von drappu-drapèn,
domina-daune, dansare-dansa (Nav.) dikere-dise, dansare-
dansa, demandara-demanda Serm. dare-da Fond. 83, dam-
natu-damnat 442, divinu-debii 1210 debere-debe 1688 deke-
detz 1847 dolore-doulou 2044, directu-dret 1238.

2. d im Inlaut.

b) intervokal. a. d vor mediopalatalem e und i und
vor postpalatalem a.

Während d vor a, e und i schon in früher Zeit zu z
wurde im Gemeinprovenzalischen, ist es im Bearnischen
erhalten, im eigentlichen Gaskognischen auch zu z geworden. Suchier nahm an, das z den stimmhaften Reibelaut d bezeichne, dies mag allerdings die erste Stufe gewesen sein, doch wird z nicht diese Stufe bezeichnen. Wir
finden vereinzelt s für z geschrieben z B. Auch Cart. noir
XV. 11. Jhdt. cadent-casen für cazen und D'Astros schreibt
immer s credere-crese p 72, laudare-lausa 127 benedictu-
benasit 79 und·umgekehrt intervokales lat. s wurde zu
diesem Laut casale-cazal Sim fo 381 causa-cauza Cast.
1256, 1270, adcasatu-acazat S¹⁰ Mich 1236.

Beispiele: fidantja-fizanza Léz 1150; vedentes-bezenz
Monts 1179, 1235 Ademaru-Azemar Monts 1236, bezens
Benedictu-Benezet S¹ Gaud. 1278. cadere-escazer Cast 1270
fideltate-fizeltat ib Azemar Bonef. 12. Jhdt. fizansas Auch
1257. bellu vedere-Betbezer Simorre fo 379 cadente-casen
Auch C. n. XV. 11. Jhdt. fisansaria Sauve Maj. 1240
vedere-bezer Sordes p 135, fizanza Gab 1268 Benezit Big
2 r, enbezent 13 r, bezeran 31 v, Boidères 1272, Tarbes, beze
Tarbes Bayn 1260² Arné 1260.

d blieb in credenceirie L d'Or fo 64, 1261, cadence ib
fo 65, 1265 credence Bay 1247, fedautat, embadiment
Soule 1252. credence Pau 1270, bederan ib; credence,
·enbadir, embadiment, fidance, guadanhar Olor. enbadiment
Big 4 v, fidanse 6 r, crede 13 r, bedent 14 v, fedaltat 17 v.

Beispiele aus späterer Zeit: videtis-besetz D'Astr. p

2*

3, bedere-bese 44, vedemu-besem 32, obedire-aubesi p 5
und 29, ridere-rise 37, occidere-aucise 36, benasira 71,
predicare-presica, davon subst. presic 85, laudatu-lausat 86,
bese C. M. 284, bodigo-bousigo 298, laudetta-lauzeto 311,
credete-crezet 323, maledictu-malasit 329.

Beispiele, in denen d erhalten: bede (Nav.) bedem
(Fond. v 7) aubedirey (Desp.) ooubedeix (v de Bat.) obedi
(Catech) aubedience (G de Bat.) audit (Desp., Fond v 30)
benadit (Fond. v 39 v 70) crede (ib 39) credence (v 17)
radice-arraditz (v 1112, Nav., A. de Sal.) arride (v 816)
aubedi (2018) occide-auside (v 1783) fidare-hida (Catech.,
A. de Sal., Fond 469) laudetta-laudete (Lamolère Prov.
bé.) maladitz (Barthety, Fond. v 69) nodare-nouda (Fond
1179) gaudi (940) concludi (217).

Nach o und u, jedoch nicht nach au, blieb d auch
im Gaskognischen erhalten, wie überhaupt in den meisten
prov. Dialecten: rudire-rudi (Jasmin).

b) d nach Konsonant ausser nach n. d ist erhalten:
ordine-orden Monts 1236, Cast 1270, orde Cast. 1270,
Orthez 1246, Auch 1256[1], ordenh Sauve 1240, Cast 1256,
ordeinh St Mich 1236, ordenare-ordenar Cast. 1270, orde-
narju-ordener S[te] Cr 1292, ordeneir Cast. 1270, perdonare-
perdoar Bagn 1251, frk wardôn-guardare-gardar Big 70,
Tarbes 1285, d'où gardarin Big 4 v, garde Bagn 1251,
garda S[te] Cr 1291, gardian Cast. 1270, cordador Morl. 7 r
12. Jhdt. concordansa Big 13 r, borda St J. du M. fo 41.
11. Jhdt., Big 2 r, Monts 1179, Mas d'Azil 11. Jhdt. borde
Bagn 1260[2] bordales S[te] Cr_ 1235, acordas Bagn 1251,
acordad Gab. 1268, acordat Auch 1260.

Beispiele aus späterer Zeit: gouardats D'Astr. p. 81,
goarda Fond v 1974, N. Past., mordente-mourdent (N.
Labord) mourdera D'Astr. 96, ordine-ourdi Fond. v 1786,
accordatz (Sorcières) accordat (A de Sal), courdelhat (Vign.)
courdouniè (Prov.) moustarde Serm, ourdi ib. perde Col. 79,
encorda 158, perdut D'Astr. 73, perdoun 76, cordo-corde
(N. Labord; Prov. bé).

d nach n. d hat sich nach dem Haupton an n assimiliert, in den anderen Fällen ist es erhalten, jedoch ist diese Regel nicht so streng durchgeführt, dass sich d nicht auch vor dem Ton assimiliert hätte und nicht nach dem Ton erhalten wäre, besonders in den alten Texten zeigt sich ein Schwanken.

Beispiele für Assimilation nach dem Ton: spondaespona Monts 1179. defener Bay 1272. defene Auch 1256[1]. entendet-entene Cast 1256. prener Big 4 v, Cast. 1270, L d'Or fo 45, 1259; preno Auch 1256[2], Tarbes 1281, S[te] Cr. 1270; preni Tarbes 1285, prendent-prenen L d'Or 24 r, 12. Jhdt. vendere-bener Bagn 1251, Pau 1270, bene Auch 1258, uener Cast 1270, vendent-benen Bagn 1251, bene, bena Olor. spavanda-espauano Bagn 1260[1] rotunda-ardona la Rèole 1070. Aus den stammbetonten Formen ist die Assimilation eingedrungen in: entenud Bagn 1260[2] prenera Olor, preneram Tarbes 1285, benera Bagn 1251, beneram ib., benud Auch 1256[1], benude Bagn 1251, Tarbes 1281, venut Olor. penut Big 19 v.

Aus neuerer Zeit: sponda-espouno (Lespy Dict. bé.) entene (Hist. s[to], Nav., Fond. 64, D'Astr. p 105.) aprene, coumprene D'Astr. 146. vendere-beno Nav. fendere-fene Hist. s[te] hene Prov. bé, (A de Sal.) confondere-couhouno (A do Sal) respondere-respoune Serm p. 9, D'Astr. p. 78. tondere-toune (N. Labord, Nav.) hene, houne, prene, pene, respoune, tene, toune, beno (Lespy Gr. bé 118) hene (Fond 2127).

Beispiele für Erhaltung von d: mandar Bagn 1251, mandi Cast 1270, manderen Sauve 1240, mandad Cast 1256, demandar Sauve 1240, demanddar Auch 1258, demanda S[te] Cr 1234. demandador Sauve 1240, Cast 1270. comandi Cast 1270, comandament ib, comandador Bordères 1252.

Aus neuerer Zeit: demandatz (Nav.) damandabe (Imit) comandi Hist s[te] forbandit (Stil de la suot) bande (N. Past.) bandalousitatz (Fond. v. 18.) candela-candele (Fond. 1031. Prov.) candelou (Fond. 73, Pellisson) candelère (Prov.) manda D'Astr. 102, demandat ib 95, candelo 107.

In älterer Zeit ist d nach n vor dem Ton häufig an

n assimiliert, besonders in dem Gebiete der Pyrenäen. manaba Olor, manara ib manat ib domanar Bordères 1272, demanaua Monts 1179, domanauen Big 16 v, domanaran Tarbes 1281. comandator-comanair Monts 1179. comanador Monts 1235, Orthez 1246, Bordères 1272.

Trat d nach r oder n in den Auslaut, so verstummte es, obwohl ethymologische Schreibung sehr häufig ist. Lespy Gr. bé 116. d est muet à la fin des mots, lorsqu' il es précédé des consonnes n, r. und Luchaire Idiom. Pyr. p. 226 d est muet après n et r.

Das Verstummen von d trat sehr früh ein, bereits im 11. Jhdt. mandet-man Big 6 v. deman Big 17 r. Monts 1236, Cast 1270. quando-quan Big 7 r, Monts 1236, can Big 29 v. Austindu-Austen S^te Cr 1234. vende-ben Olor., gran Big 4 v.

Geschrieben ist d in viridu - berdz Bagn 1260[1]. In einigen Wörtern findet sich t, da aber t zu der Zeit nicht mehr gesprochen wurde, kann es auch hier keine Bedeutung haben zudem finden wir secundu-segon Olor. neben segont S^te Cr 1237[2], Cast 1256, 1270, Gab 1268. acort St Mich 1236, Soule 1252, Sauvet, 1253.

Beispiele aus späterer Zeit: Man pflegt meist d zu schreiben; Beispiele in denen d gefallen, sind ziemlich selten. Fond. Calv. segan v 1567 und 2220; quoan 1224, 1517; mandu-man 586; gran D'Astr. p. 80; prendit-pren 125; mondu-moun. p. 85; attendet-aten C.-M. 327, rotunduroun p. 366. profundu - pregoun (N. Labord, Prov. bé.) pregon (A. de Sal.).

d vor Kons. a vor r: dr entwickelte sich zu ir: vederabent-beiran Beyr 1256, Bagn 1260[2] veyran Cast. 1262. Heute quadru-couaire in couaire-foure. (Fond. v 1382, Denomb. quoayre (Arets. des Bas.-Pyr.) Delivrar los cayroos a la cayroera (Artistes en Béarn.).

d vor k wird dž judikare-judgar Bagn 1251, judiar Olor. judiament, judyament ib; judghament Cast 1270. judgament Bagn 1251, judiament Big 15 v. judge Big 21 r, iudge Bagn 1251 jutge S^te Cr 1243 St Mich 1244, juge Auch C. n. XV. 11. Jhdt. medge Big 1 v.

metgo Comm. Rev. I. p. 15. 14. Jhdt. judge (Dictons
de Bé., (Hist. s¹⁰) Lou jutge de Noyou qui lou proçes jutja
(Fond. 1413), judyatz (Hist. s¹⁰) judjamen (Hist. s¹⁰) mediku-
medgo (G. Phoeb.) meggo Hist. s¹⁰).

d zwischen Liquiden bleibt erhalten. Andren S¹ Mich
1236, Auch 1260, Arné 1260, Andrin la Réole 1138, uendro
S¹ Mich. 1236. rendro Big 16 r S¹⁰ Cr 1235 arrendro Big
Cr. S¹⁰ 1238.

In späterer Zeit: malandra - malandra D'Astr. p. 69)
malandré (Lamolèro). calandro (D'Astr. 69). Qui sera
lou messnegè? La calendrete ou lésparbè La calendreto
ci cap lengè (Ch. pop.) Meandre-Meandre (D'Astr. 193).

Der stimmlose Verschlusslaut t.

1. Im Anlaut ist t erhalten.

taberna-tauerna Big 7 r, tarellu-tared Olor.; temps
Big 27 r, L d'Or 30 r, Monts 1236, Sauvo 1240. tems S¹⁰
Cr 1235, tens Bagn 1251. tilja-til Sordes p. 1. tonellu-
toned Gab 1268, turre-tor Auch C. n. XV. 11. Jhdt. Big
13 r, S¹⁰ Eul. 1243, turbata-turbado Beyr 1256. thesaurarju-
thesaurnir S¹ Mich. 1237, thezaurey S¹⁰ Cr. 1292. trabaclu-
trabail Bagn 1272² tractatu-tractad L d'Or 1259.

Aus späterer Zeit: tabula-taulo, tantu-taut, terro, tale-
tau, temps, tora, tourna, troba, trigo, tira (D'Astros);
tantost, troupèt, trouba, tendresse, tuma, turment (Desp.)
taule, truques, tounerre, tambour, tri v trahero (Nav.)
talja-talh (Fond. 1521) tau, taule, teit, teste, tinture, touca,
tombèu, tourna, tradi, treiturè (Fond.) tant, terrible, tre-
moulan, trembla (Serm.)

Für tenere-tier, tener findet sich thir Olor und tenet-
thiei Soule 1252, doch kommen in beiden Texten Formen
mit einfachem t vor. tiencut Olor, tiencuda Soule 1252.
Dieses th scheint auf eine Mouillierung des t vor e hinzuweisen, die jedoch in der Aussprache schon früh geschwunden, sich in der Schrift noch lange nachdem erhalten hat, denn noch in Baron béarn. vom Ende des

15. Jhdts. findet sich th. geschrieben: ther lo goeyt, the la baronie.

2. Im Inlaut.

a) intervokal wurde der stimmlose Verschlusslaut stimmhaft fermatura-fermadura Big 6 r, 13 v; fremadura Auch C. n. XV. fermada Big 13 v, Léz 1189. natale-nadal S¹ J. du M. fo 19. 11. Jhdt. Monts 1235, nadau Bay 1247. adjutare-ajudar Tarbes 1285, ajudedor Cast 1270. catena-cadene Bagn 1251. cordador Morl fo 7. 11. Jhdt. strata-estrade Big 7 v. irade Bagn 1260² irada Olor, mutare-mudar Olor mudant S^{te} Cr 1235, Cast 1270. obredeir Bay 1282, potere-poder Big 4 v, Sauvet 1253, Auch 1256¹, Cast. 1262. seruidor S^{te} Cr 1291 Big 30 r amasada Bonef. 12. Jhdt. aguda Cast 1256 benude Tarb 1281. Aus späterer Zeit marida, maynada D'Astr. Nadau 105 serbidou ib; monneta-mounedo 118, armada 141, vita-bido 273, passado, segado ib; pensado, pourtado, nado 272, pecadou 261, mercados 221. poudi, poudut, punxades, birades, nade (Serm.) vecinata-beziade, quiritabant-cridaben, rendude, pergude, serbidou (Desp.) biengude, pergude, armade, espade (Nav.) ajude Fond. 1287. armade 1884, coumbida 2326. fata-hade 1664. maturu-madu (N. Past.)

t das aus lat. t hervorgegangen, ist gelehrt: espiritau Auch 1256¹, esperitau Bagn 1260¹, Tarbes 1285. espitau S^{te} Cr 1292, hospital Cast. 1270, Orthez 1246, ospital S¹ Gaud 1248. Regelmässig ist t erhalten im Suffix tate: necessitad Beyr 1256, saubetad Olor. dignitad Cast. 1270. fermetad Orthez 1246. Ebenso heute qualitat Desp., D'Astr. 97. grabitat D'Astr. 98. commoditat Fond 1560.

Lespy Dict. bé p. 298/9 führt an: On peut établir comme règle à peu près absolue que, relativement au t et au d, les dérivés béarnais sont, dans le parler des hautes vallées bien plus que dans celui de la plaine, conformes à l'étymologie latine.

Als Beispiele giebt er: hede vom lat. feta ist im Thal von Aspe hete und parita-paride ist ebenda parite. Luchaire hingegen behauptet, man ziehe im Gebirge d dem t vor

Idiom. Pyr. p. 283. Aus den vorhandenen Texten kann man nicht sagen, wer im Recht ist. Wenn man nach einem Beispiel in Par. de l'Enf. Prod. urteilen darf, müsste man sich auf Seite Luchaires stellen, denn wir lesen im Thal v. Barétous „bedet" in den Thälern von Aspe und Ossau allerdings betetch aber auch in der Ebene nur betet Sauveterre, Arzacb, Montaner.

Tritt t nach Abfall des auslautenden Vokals in den Auslaut, so bleibt es erhalten. In der Schrift findet sich besonders in älterer Zeit d ebenso häufig, als t geschrieben, die Aussprache muss gleich gewesen sein, ob d oder t geschrieben wurde, denn in ein und derselben Urkunde findet sich ein Wort bald mit d bald mit t geschrieben. So wechselt z. B. Léz fo 75 v Bcat und Bcad häufig, in 6 Reihen findet sich dreimal Bcat und zweimal Bcad. Dass d wirklich t gesprochen wurde, ersehen wir daraus, dass selbst für tt d eintreten konnte: totte-tod Sauvet. 1253. in diesem Falle wurde sicher t gesprochen. Die heutige Aussprache ist t selbst für d, das nach Vokal in den Auslaut trat. Lespy Gr. bé 115.

Beispiele: appellatu-aperat S¹ Gaud 1248 boluntad ib; boloutat, datu-dad Monts 1235; prat Léz 1140 Aramonad ib 1189. avellanctu-aueranod Mas d'Azil 1130. acutu-agut S¹ J. du M. fo 18₂ 19, donatu-Doat fo 32 v; desbestid und benut Auch 1256₂ comitate-contad, mandad, pagat Cast. 1256. acustumad, crezud, complid, passad, aetate-hetad, contengut, fizeltat, dote-dot Cast 1270. dat la Réole 1030 p. III, donat p. 112/113, 1026/30, donad p. 115, 1084, podju acutu-Poiagud p. 162, 1126 trufat, tengud S¹ M. 1236, cregut, estat, voluntat S¹ᵉ Eul 1237, pagad ib 1243. S¹ᵉ Cr 1243. doat Sordes p. 138/9, barat p. 103; abbate-abad, condad, etad, salud, reconegut Beyr 1256; entrad, mud, complid, acordat Gab 1268. estad L d'Or 30 v, nebot 30 r, ciptad, barad, vencud, audit fo 44/45 1259. metut Bay 1247 autreind 1260, ciptat 1272; Caluet, Cosirat, Amad, Doad Morl 12. Jhdt. fermetad, bengud Orth. 1246 segurtad, levad Soule 1252; vertad, partid Sauvet. 1253 embarrad, entrat, plagat, venut Olor. volomtad, enflamat, arancurat, dat Big 40, aueraed, aueraet 5 v. barad, escud, mercad, judgat, comptat clamat Bagn 1251 jurad, enquerid Maub. 1257. dad, abad, entendut onrabletat Bagn 1260, tengud, mentud, renunciad, abad, artengut Tarbes 1281, decebud, pagad, iurad ib 1285.

Beispiele aus späterer Zeit: armat, enpachat, usat Hist. s^{te} pescat, advertit, capsionat, neguat, audit (Baron bé.) arribat, enlhebat, fatu-hat, audit, estat, nat, segut, infortunat (Desp.) pourtat, libertat (Nav.) stellatu-esterat, prat coustumat Fond. mareat, mau-grat (Hat.) eslhebat, soldatu-sourdat, bestit (E Vign.), dat, pecat, habut, bertat, mentit Serm. pecat, biscut, bertut, salut D'Astr. 273 estat, tribaillat, pregat, occupat 263, grat, bountat 257.

t nach Konsonant ist geblieben. acceptad Sauve fo 330, acaptar Big 4 v. comtat Bordères 1252, Auch 1260, cantor St Mich. 1244, abentura Orth. 1246, Olor; abentura Auch 1256^1 Bagn 1260^2 auentura Cast 1270. mentide Big 16 r, carta Big 4 v, carte Monts 1179, 1235 Bay 1247, Arné 1260. aportare Sauve 1240. Ste Eul 1237. bertat Bord. 1262, vertat Sauvet 1253, festa Big 8 r, S^{to} Cr. 1237 Gab. 1268. costa St J. du M. 120. 11. Jhdt. contestabat-contestaue Bagn 1251; alt Big 4 r, asoltar Monts 1179, asolt C. n. XVII. T blieb auch erhalten, wenn 1 oder Labial zu u wurde: ciutat Big 30 r, Olor; ciutadan Auch 1256^1 ciutada Olor; scriut Big 4 r, escriut Monts 1235, colta-coute Bagn 1260^1 soltu-sout S^{te} Cr. 1237. moltas-moutes L d'Or 30 v, oder wenn der vorhergehende Konso-nant fiel multone-moton S^t J du M. fo 1 r, Big 9 v; coltos-cootz Olor.

Beispiele aus neuerer Zeit: porto, bertat, libertat, quinto, finto D'Astr. 237. menti, senti 234, tèsto, aprèsto 231, justos 180, courtos, estima 178, bestits 170, resto, oustau 166. bertat Serm. p 6 mentit, desmentit ib; sourti, senti 7, parti pastou 9; escripture Fond. 1019 testament 1037, dabantadge 1040, coustume 1091, presenta 1209 pastou, cantabe, mountannes, infourtunat, pourtatz (Desp.) alta-haute, moltone-moutou (Desp. Nav.) escriture Fond. 660.

Tritt t nach u und r in den Auslaut, so verstummt es früh, obwohl es in der Schrift meist erhalten bleibt: Lespy Gr. bé 121: t final s'efface complètement, lorsqu'il est précédé des consonnes n und r: cantu-cant, dente-dent, fronte-frount, monte-mount, parte-part. Luchaire Idiom. Pyr. p. 226: t est muet dans les mots comme dent, part, punt et, en général, après n et r.

Beispiele, in denen t auch in der Schrift gefallen ist: ab ante-auan Bagn 1260¹, dauan S¹ᵉ Cr. 1235, tantu-tan Desc. 12. Jhdt. Regelmässig schwand t in der 3. Pers. Pl. aller Zeiten und Modi: von habere: Praes. an Big 8 r, L d'Or 24 v, han Bay 1247. Impers. auien Léz 1232, auen Sauve-Maj. 1240, Big. 4 v; Perf. agon Soule 1252, ahon L d'Or 30 v, Fut. aueran Big 8 r, auran L d'Or fo 45. Conj. Praes. aian S¹ Gaud. 1248. Imperf. agossan Big 4 v. Cond. haurin Bay 1272, euren Soule 1252, auren Olor. Part. Pr. hauens S¹ᵉ Cr. 1292. cadente-casen Auch 1. n. XV. 11. Jhdt. Meist wird t geschrieben: argent Orth. 1242, Cast 1270; pont Léz 1189, Sordes p 124; S¹ᵉ Cr. 1234; font Monts 1179, Sordes p. 119. ab ante-auant Cast 1270 deant Léz 1179, Big 17 v, deuant S¹ Mich. 1236, Auch C. n. XV, Bay 1247. dauant Big 16 v. dabant Olor. denant S¹ M. 1244; Soule 1252; Beyr 1256, Auch 1257. Regelmässig findet sich t in ment: enteirament Cast 1270. entegrament ib und L d'Or fo 45, 1259. francament Feuill 1237. martinaument S¹ᵉ Cr. 1237. malament Big 15 v. froment Big 7 r, forment Big 7 v, Bonef 12. Jhdt. Monts 1236, Gab 1268. Nach r: fort Morl 6 v; S¹ J. du M. fo 19. L d'Or 5 v. Sordes 12. Jhdt. Auch C. n. XV. Bagn 1251. port L d'Or 24 r, Sordes p 22. art. Beyr 1256.

Heute pflegt man t immer zu schreiben ausser in der 3. Pers. Pl. aller Zeiten und Modi. Einige Schriftsteller allerdings lassen t konsequent weg, so A de Salettes, wo wir z. B. Psalm 29 lesen: Omnipoten, ne tremblen; an anderer Stelle: en boo pun und Suus lo pun deu dia; fonte-fon.; nach r bleibt t auch bei ihm erhalten: port.

Andere schreiben bald t, bald lassen sie es weg, so bes. Fondeville: d'argen y d'or v. 2225. tantu-tant v. 124, tan v. 209, sacramen v. 297, consentimen 298, sacramen eds 600; pensamen aux 930; t nach n ist wie wir aus den eben angeführten Beispielen sehen auch vor Worten stumm, welche mit einem Vokal beginnen. Léspy Gr. bé 125: t, après n à la fin des noms, des adjectifs, des participes presents et des adverbes, est tout à fait muet, même lorsqu'il se trouve suivi d'un mot commençant par une voyelle ou par une h muette: Lou pount estret, balent oubrè, disent a toutz; pron. poun estret, balen oubrè disen a toutz." Obwohl nach n ist t nicht stumm vor Worten, die mit einem Vokal oder stummen h beginnen in folgenden Wörtern: bingt cent, sent und in quant a: — Bingt e cinq, cent escutz, Sent-Abit: pron. bin-t-e-cinq, cen-t-escutz, Sen-t-Abit. Vergl. Lespy Gr. bé 124.

Ebenso wird t nach r immer gehört in fartu-hart, forte-hort, hortu-hort Lespy 122.

Tritt t nach anderen Konsonanten als n und r in den Auslaut, so bleibt es erhalten. hoste-ost Big 1v, Bagn 1251, Cast 1270, Olor 1290. (moltu-mout Desc.) pastu-past Ste Cr 1258. justu-just Morb. 3v, 1159. agost Big 7r, aost Big 7v, auost L d'Or fo 65, 1261. bastu-bast Fond. 278. desvastu-desgoast 277. past, arpast Nav. arpast (N. Laborde).

Nach Lespy Gr. bé. 123 lst t stumm in impost, Sent-Haust v faustu u. in tantost.

tt wird zu t: battimentu-batiment Bagn 1260[2] attingere-atenhe ib, battualja-batalhe v batalha Big 15; filjetta-fileta Sord. p. 124, mittere-meter L d'Or fo 45, 1259. mettutu-metut Bay 1247. metud Auch 1259, metude Beyr 1257, fitta-fita Sord. p 36, zafita St J. du M. 9r, 37r, Zaafita 32v, tottu-tot Big 4v, Léz 1232, totz Bagn 1251, tottos-totz Monts 1179, Big 4v, totta-tota Monts 1236, totas ib 1235, Big 1r, totes Bagn 1260[1]. mittit-met Ste Cr. 1292[2].

Aus späterer Zeit: lunetos, serbietos D'Astr. p 126 tottu-tout ib mittere-mete Serm. p 7 serbiete p 8. ateigne

Fond. 2180 trottare-trouta 1812, davon S¹ Trouti 1378. v.
sorore-sor: soureto, Marieto. Bladó I 175. anesquete,
herbeto (Desp.) batalho (Nav.).

t vor Konsonant:
tr wird zu ir (i): fratre-frair Big 16 v, Bonef. 12. Jhdt.
Bay 1247, Cast 1262, 1270, frairo Sauve 1270, Cast 1262
confrairia S¹ᵉ Cr. 1269. cofrairo ib. mair Auch 1256¹, 1258,
Cast 1270, Bordères 1272. mayro Big 4 v S¹ᵉ Eul 1237.
pair Big 14 r, L d'Or 30 v, Bay 1247, Soulo 1252, Auch
1256¹, Cast 1256. payro Big 15 v. commandat(o)r-comanair
Monts 1179. latrone-lairon Bagn 1251 latrecinju-lairoic
Olor 1290 laironiz Bagn 1252. arraubeiro Dax 1268. peyra
Big 6 r, peyre Bordères 1252. peira S¹ Gaud 1248, peiro
Auch 1256¹ retro-reir Cast 1270 vitru-beiro Bord. 1275.
nutrire-nuirir Cast 1270. potr'habent-poyro S¹ᵉ Cr. 1290.
Beispiele aus späterer Zeit: petro-peyre (A de Sal,
Artistes de Bé, Privilèges, Fond. v 748) peyrado (Fond
2443) peyras (Meyniel) peyrasseya (lou Catounet) peyratyo
(Larrebat) peyrotleri (Fond. 695) lairon (Privil.) lairoun
(D'Astr. 120) pouticayre (ib 118) petrosclinu-peyrassilh
(Lespey Dict) latrare-laira (Prov. bé, Nav. D'Astr.) pes-
cayre, cassayre (Prov.) affrayra, confrairo Fond 1129 resp.
1392. nutrire-nouyri (D'Astr. 99) mayro (N. Laborde).
vitru-beyre (D'Astr. 110, Bladé).

Im Auslaut fiel r. In den älteren Texten in der
Schrift noch meist erhalten, aber auch häufig Formen
ohne r: matre-mai Beyr 1256, Bagn 1260¹ may ib; frai
Monts 1179, 1236 Léz 1232, Big 7 r, Orth 1246, Bordères
1252, Beyr 1256, Auch 1256, 1259 L d'Or fo 51, 1258, Arné
1260, Gab. 1268. fray Bagn 1256, 1260¹. Petru-Pey Bay
1282. Heute pay, fray (Nav.) pay, may fray (Serm.) pay,
may (Fond. 582) fray (1221). coumay (D'Astr. 225) may,
papay 230.

Zuweilen finden sich Formen, in denen kein par. i
entwickelt ist. Nach a wurde tr zu dr: barbeiadre S¹ᵉ Cr
1248. gouernadre 1286, curadre ib. Salvadro Arm. 11. Jhdt.
nach o assimilierte sich t an r: Petru-Per Léz 980, Bay

1259, Arné 1260, retro-arrer Big 8 r. Nach u und i erhielt sich t in exequtre S^{te} Cr 1292, arbitre Bord. 1251.
Die Formen vom Suffix at(o)r sind heute verdrängt durch die vom Acc. (-atore) abgeleiteten Formen wie Saubadou Fond. 457. goubernadou D'Astr.

Petru ist heute als Pc Fond. v 617 erhalten.

t vor l hat sich an l assimiliert in Rotlandu-Rolland Léz 1232. spathula-espalle Arch. u. Hist. s^{te}, Fond. 1417. Zwischen n und l fiel t brantulare-branla, davon branleia (A de Sal.), branlou (Fond 2273).

ttr wird tr lettera-letre Bay 1247, Beyr 1256 letra Sauves. 1253; mittere-metre Cast. 1270 conbattre-combatre recombatre Big 15 v. Heute letre, alletrat (Lettres d'Orthez).

t zwischen Konsonanten ist sonst geblieben: contradire Auch 1256¹ contradit Big 4 v, contrast Bagn 1260¹ S^{te} Cr 1237. entrare-entrar (pass.) entra-entro (pass.) encontra Big 4 v, S^{to} Eul 1243, encontre Auch 1260; mostrare-mostrar Bagn 1260² Olor. mostrat-mostra Monts 1179. mostrad Bagn 1251. demostrar L d'Or 1259, claustra Auch 1257, claustre Bay 1282; costringere-costrenher Cast. 1270, costrictu-costrez Beyr 1256; maiestre St Mich. 1236, mayestre ib 1244, nostre Bay 27 r, Orth 1246, Auch 1259, Cast. 1270. nostradge L d'Or 1261; estrument S^{te} Cr 1290, estrani Bagn 1251, 1260² estranj Bagn 1251; estrem L d'Or 1259, Bagn 1260¹, Bordères 1272, estremitatz Bagn 1260¹ dextre Olor, presentment L d'Or 1259. Martyrorum-Martror Monts 1179, Martros Bagn 1260¹ martro ib 1251.

Aus späterer Zeit: estrem, estret, estrenhe, strivu-estriu, prostrat, sinestre, rencountra, estréade (V de Bat.) extranios D'Astr. 47, piastro 228, stranja-estreo 181, noste 228. astr. countreheyt Fond. 2131, ministre, ministrando 743, estrem 845, distrahit 476, countretenent 1797, soustreyt 1638. ventru-bente (856, Nav., Lacontre). astru-aste N. Laborde, N. Past.

b. Die Sibilanten.

Stimmhaftes und stimmloses s.

NB. Im Lateinischen nur stimmloses s.

Im Anlaut vor Vokalen geblieben: sapere-saber Soule 1252, saputa-sabudo Big 27 r, L d'Or 24 r, Orth 1246, sagillu-saged Bey 1256, Auch 1256[1] saied L d'Or fo 44, 1259, Olor, saget Auch 1259[2], sagillatas-saierades Bordères 1272, L d'Or 1259. secare-secar v segar Sordes p 138 secunda-segunde Bagn 1251, sept Olor, signe Bagn 1260[1], Tarbes 1825, solu-sol Big 7 r, Monts 1179, St Gaud 1248, S[te] Cr 1235; solatieu-solagge Léz 75 r supra-sobro Feuill 1237, successoro-successor Bordères 1272, Olor, secessoo Beyr 1256, suffertas-sufertes Bagn. 1251.

Auch in späterer Zeit erhalten: saluda D'Astr. 31, satisheyt ib, salta-sauto 25, sabe, santat 5, securu-segus 5 sentiment 7, soureil 33, soulatjoment 4, suffrirats 5; sanu-saa Fond 1989. sant 1226, sal-sau 730 saubadou 457, seminare-semia 1100 segu 498, siflat 293, sole-sou 1173 sonu-sou 2277 u. soun 176 soustreyt 1638. saubatye, sau, sabera, segut, soungabe, senhou, serbidou (Desp.) sole-sou, sonu-sou, soldatu-sourdat, semitarju-sendè (Nav.) In einigen Worten wird s zu š, geschr. ch. und zwar in Béarn, Landes, Rivière-Basse und Fézensac. Vergl. Luchaire Idiom. Pyr. 249 ff. Nach Lespy Gr. bé 156 sind es folgende Wörter: seys (sex) sixante (sexaginta) suc (sucus) serment (sarmentu Weinrebe) salibe (saliva Speichel) sans (sine). Daher schreibt Fondeville cheisau für seysau (sixième 1943. chens u. ches 1098 resp. 76 für sens und chuc 726 für suc. chuc (N. Laborde) chalibi (Garet) cherment (Prov. bé). In Derivaten pflegt s nicht ge-schrieben zu werden, sondern immer ch, so eschalibe (N. Laborde) eschaliba (Contes bé.) eschuca (òter le cue) eschucade (Bordeu) exuguaba (Hist. s[te]) chucad (N. Laborde) eschourda, davon eschourdabe (Houreast) eschourdeix (Littr. Orthez.) Adiu siaz-adieu heute adichatz, so adichatz quilhes Serm, adichatz boun Diu ib. Nach Lespy werden in mehreren Orten auch siula, siulet v sibilare, und sourd v. surdu wie chiula, chiulet und chourd gesprochen chiulabe (Scignet) eychiule D'Astr p 10.

Vor ursprünglich anlautendem s vor Konsonant hatte sich schon im Volkslatein ein e (i) aus dem Sibilanten nach konsonantischem Auslaut entwickelt, welches im Gaskognisohen wie im Provenzalischen und Altfranzösischen auch nach vokalischem Anlaut eintritt scala-escale Bagn 1260[1] scholarium-escoler Sauve fo 100 XIIs. scribere-escriuer von wo folgende Perfectformen: 1. P. Sg. escriscui Bagn 1260[1] Tarbes 1285; 3. Pers Sg. escrisco L d'Or fo 44/45. 1259 Gab. 1268, escriuo Feuill 1237, Cast. 1262, Langon 1276. etc. etc. scriptum-escriut Monts 1235, Arné 1260 Auch 1256 scribanu-escriuan Bagn 1260[1] — escriua Bagn 1260[2] scutum-escud Bagn 1251, Auch 1259[2] squina-esquine Pau 1270. spiritum-esperit Auch 1256[1] spiritalem-espiritau ib, esperitau Bagn 1260[1] Tarbes 1285. spissum-espes Simorre fo 330, 1132. sponda-espona Monts 1179. stare-estar Cast 1270 stabat-staue Bagn 1260[2] stat-esta Big 7r, Bay 1247 statum-estad L d'Or fo 30. stabulum-establa ib fo 47. 1261. estable Cast. 1256. stanneum-estaugh Bordeaux 1275. staticum-estatge S[te] Cr 1237. stella-estela Ste Eul 1237. strata-estrada Big 7r stricta-estreita Cast. 1270.

In den meist lateinischen Urkunden finden wir häufiger Formen ohne e, die aber durchweg lateinisch sind wie Sancto Stephano Mas d'Azil XIIs und bes. die Wendung qui hanc cartam scripsit z. B. Auch 1256[1], 1258, 1260 aber qui la carta escriuo S[te] Cr 1234. com scriut es findet sich noch Big 4v Ende des 12. Jhdts. und e autres iudges de Tholose stocaren batalh Big. 15v.

Heute findet man ebenso wie früher stets e vor s impurum: scala-escale, scribere-escribe, scribanum-escribaa, scutum-escut, spatium-espaci, spata-espade, spatulo-espalle, sperare-espera, spissum-espes, squina-esquie, stare-esta, staccare-estaca, staticum-estadge, stanneum-estanh, stella-estele, strictum-estret Lespy. stata-estado D'Astros 36 escriue 94. estudieri 104 stomachum-estoumac 115, spiritum-

esperit 158. studium-estudi 181. stranea-estrêa 182. straneum-
estranjos. pl. 221 scala-escale Calv. 1171. scola-escole 1131
scribere-escribe 1410, escriban 1443, stare-esta 8 stationem-
estatiou 2025, stella-estele 1179.

Zuweilen fehlt o obwohl sehr selten, so in sponsum:
spous statt gewöhnlichem espous Calv. 1078. Diu qui de
soun lheyt es sortit coum bet spous v spiritu-sprit für
esprit in bienhurous sprits.

2; im Inlaut a) intervokal geblieben (oder z geschrieben)
gesprochen als stimmhaftes s. casa-casa S' J du Mont 16 v
XI s. Big 3 v. casalem-casal Lézat 75 v, 77 v 1143; Lucq
63 v. 1114, Morlaas 8 v Big 1 r, Sordes p. 1. Monts 1235.
casau Esc. Dieu 1175. Bonf. XIIs. S⟵ Cr. 1235, Auch ⟶259,
Bagn 1260¹ causa-causa Monts 1235, Sauve 1240, Big 30r,
1256. Bagn 1260¹ S' Gaud 1248, cause Sauvet. 1253,
Auch 1259. pausare-pausar Orthez 1246 etc. residentia-
residensa S⟵ Cr 1295. rasura-rasure Bagn 1260² praesentes-
presentz Bagn 1260¹ presenz Arné 1260; presenze Auch
1256¹ und prezencia Cast 1252. pesare-peser Big 15 v.
thesaurarium-thesaureir S⟵ Mich 1237. thezaurey S⟵ Or 1292.
von usus usare-uzar S⟵ Cr 1291 uzian 3 Pers. Pl. G. Praes.
ib, usatum-uzad Cast 1270. usato-usade Bagn 1251. v.
pausare 1. Pers. Sg. Ind. Praes. pauzi Cast 1270, Pass.
déf. pauzei Bay 1272. cauza Cast 1270. cazalis, maizon ib.

Auch jetzt wird intervokales s stimmhaft gesprochen
und meist in der Schrift durch s bezeichnet.

case, casau, basilium-basile, clausure, mayso, mansional-
masional-masoau, posare-pausa, impausa, usare-usa, usatye,
Josephus-Jusep, Josep Lespy; thesaur, abusa V. de Bataille
musa-muso D'Astros 150, praeservatum-preserbat 149, ca-
misolo 165 urouso 167, presidio-presidi 108, causa-causo,
musa-muso ib.

usadge Calv. 1036. visita 932. asonus für asinus-
asou 306, casa-caso 1656, casalem-casau 1231. causa-cause
980. rosarium-rousari 72, pausa-pause 2441, divisare-debisa
2216, Gesitanus-Gesitaa 24 fasanu-hasaa 236.

Tritt s in den Auslaut, so wird es stets s geschrieben

3

und auch als stimmloses s gesprochen, mesem (el-mensem)-
mes Monts 1236, Auch 1256, Cast 1270 mees Beyr. 1256,
Olor plus Auch 1257, Cast. 1270. poderos Big 16 r von
poder, usu-us Bordeaux 1262, casu-caas Ld'Or 1259
Bagn 1260.
Ebenso heute: devisu-debis Calv. v. 2217. furiosu-fouy-
rous v. 2161 masu-mus 2174 (frz museau) mesem-mees
1193,566, nasu-nas 410. Ende des 16. und Anfang des 17. Jhdts. wird uns
durch französische Grammatiker bezeugt, dass die Aussprache des s im Auslaut im französischen eine gaskognische
Eigentümlichkeit sei, s wurde im Gaskognischen also sicher
gesprochen.

b) s nach Konsonant:

1. lateinisches ss bleibt stimmlos und wird in der
Schrift meist durch ss seltener durch s bezeichnet: possession
Auch 1256, Bagn 1260[1] passar Orthez 1246, passad Cast.
1270, passadz Bordères 1272, nasse Soule 1252, esser
L d'Or 1259, Cast. 1262, esse Bagn 1260[2], mession Cast.
1270, S[te] Cr 1291; remession Auch 1256[1] assaut Bagn 1251,
missa Cast. 1270, dessolada Olor, messaticu-messatge ib,
cassar; cassan Cast. 1270 v quassare-cassar das Subst.
cassa S[te] Cr 1290. assignade L d'Or 1259 assignad Sauvet.
1253. assigni Cast. 1270, assolt ib 1262, assoubo Bordères
1272 assoube Tarbes 1281. s ist geschrieben in asolber
Monts 1179, Cast. 1262, asoubre ib, asolbem Bagn 1260[1]
asolt Auch 1258, asignam Sauvet. 1253.

Aus späterer Zeit — nur ss geschrieben — passi,
surpassi, habousse, caressa (Desp.) pressade (Hatoulet),
passa, paussa, bosse (Serm.) toussit Fond. 865, acassa 2585
amassa 1526, passa 1426, fossa-hosse 1999, assassii 1619,
coumissari 2139, assisto D'Astr. p 8, passa 9, dessipat 34,
carrosso 39, poussessious 47, cassare-cassa 67, hosso, osso
159, tasso 179, rassembla, Ossau, Ossales, interressabe (E.
Picot) passat, boussou (Nav.)

Tritt ss in den Auslaut, so wird stets s geschrieben:
epissu-espes Simorre 1380, 1132 messe-mes Olor messu-

mes Bagn 1260¹ pres Sᵗᵉ Cr 1235, Sᵗᵉ Eul 1243, adpressu-
apres L d'Or 30 r, Sᵗᵉ Cr 1235, Soule 1252.
Ebenso heute: pas (Nav. A de Sal.) os (Nav. Joubert)
spessu-espes (Lespy).

Nach Liquiden als stimmloses s erhalten.

versana-bersana Sᵗᵉ Cr 1238, uersana Sauve f 262,
anniversarju-aniuersari Auch 1256¹, anniversari Cast 1270,
Sᵗᵉ Cr 1269, persona Sᵗᵉ Eul 1243, Cast. 1256, 1270 personau Sᵗᵉ Cr 1290, diuersa Olor defens Sᵗᵉ Cr 1290, defensa
Bagn 1251, consu-cens Big 4 r, sens 18 r, Bagn 1251
censal Big 7 r, pensa Cast 1270, Sᵗᵉ Cr 1270, falsu-fals
Big 7 r. faus Olor, fause Bagn 1251.
Ebenso heute: unibersau, bourse (Cont. pop.) arsenic,
pansi, transi, insensible Serm. bers Fond. 2363, embers
1218, pensament 930. sens 141, 173, torse 1340; pensa,
cansons D'Astr. p 12. dansa 13, unibers 79, 90, bers 90.
dibersis 105, persouno 167. Wurde l zu u oder assimilirte
sich r an s, wird · ss geschrieben: faussetat Fond. 2583.
faussado (Desp.) bursa-bousse D'Astr.

s vor Muta erhalten.

adjustare-aiustar, vestire-bestir, castellu-casted, festa,
costa, fust, mostaticu-mostage, magistru-maiestre, claustra,
vespre ospitale-ostau, despensar, desbestit despolhar, mes-
pilarju - mespler, presbyter - prestre, monstrare - mostrar,
demostrar, constare-costar, lonstabulu-lostaul; auch s vor
c mit folgendem dunklen Vokal frisca-fresqua Descort,
piscarja-pescaria Sᵗᵉ Cr 1290, disconoperire-descobrir Bagn
1260² discarricare-descargan ib 1260¹ boscu-bosc Sᵗ J. du
M. fo 27 r, Big 7 r, Sᵗᵉ Cr 1237, boscadge Cast 1256, Bagn
1260¹ v. quisque unus-quasquunus (unter Einwirkung des
griechischen kata unum-kadun) cascun Cast 1270, cascuns
ib 1262 cascuna Big 4 v, cascue L d'Or fo 47, 1267 de
usque ad Sᵗ Mich. 1236, jusca Sᵗᵉ Cr 1291.

Auch jetzt erhalten: costa-coste peyrouse (Lespy),
vestiri-besti: besti de neyre (Nav.), pastou, pastoure, mis-
culare-mescla (Desp.), coustat, counscrit, respoundu (Cont.
pop.) ekke ista-aqueste, beste, nouste, pastou, respoune,

3*

coste, bestja-besté resista (Serm.) disfourtune, coustumat,
masculu-mascle, casted, castiga, (Fond.) frescu-fresc, des-
cuberto, arrestet (rastellu) vostra-bosta, Vasconja-Gascono,
resta, presta D'Astr. 147, despens 169, biscut ib.

s ist auch vor Liquiden erhalten:
insula-isla Mas d'Azil 11. Jhdt. Léz 1040, isle Auch
1257, quadrages(i)ma-caresme Bagn. Heute coaresme
Fond. v 74, Trobe lou coaresme court (Prov.) isle: Toute
isla s'argaudesqua (A de Sal.) Basle Fond. v 1147.
bals(a)mu-basme: Si l'untaban de basme (A. de Sal.)
blas(phe)mare-blasma (Fond. 1208). Entro quin temps te
blasmara ton enemie? (A. de Sal.) disna: Dejuu o disnat
(Arch.) Portabe a disnar (Hist. ste) disna (Fond. 2520).
gr. χγίσμα-cresme: olis y sanct cresme (Fond. v 73).

s nach Palatalen.

1. cs α) vor Vokalen wurde cs zu ch unter ursprüng-
licher Entwicklung von par i. Dieses i scheint jedoch früh
verstummt zu sein, denn schon in ältester Zeit finden sich
neben den Formen mit i solche ohno i. Heute findet man
in vielen Wörtern i geschrieben, obwohl man es nicht
spricht. Dieses ch wird im Bearnischen durch x und ix,
sonst durch s, ss, is, iss, ish ausgedrückt.

toul. laxant-laissan Lèz. 1189. coxa-coyssa 14. Jhdt.
Rev. 1; 16,3 exitu-essis Monts 1235. paxilla-paishera
31. Gaud 1248. arm. laisarem Auch 1259. eses. Auch 1256[1]
baixa Bonef XIIe laisa ib.

agen. exire-ichir, issides, ichidas; lesshi, leisshi
Cast 1270.

bord.

land. sex-seis Bexr 1256. ex(h)ibernatu-eissivernad Gab
1268. laisan Beyr 1256.

bay. seis L d'Or 30 r, laischade ib f 44, 1259, ichirin
ib 67,1265. ichis ib.

béarn. laxas Olor, eissemple Soule 1252.

big eyssir Big 15 v eixir Bagn 1251, eixissen ib exis
1260[2], iyssis Big 4 v, isidz, eixides, Rorderes 252.

layssa Big 7.v, laxa 8 r, laysan 15 v, loys 18 v, fraxinu-
frexo 19 r.

examen-eychamou D'Astros p. 68. cychamo, echame,
echam Tr. 851. Fuxum-Fouich p Fouch, Deou sang de
Candalo é do Fouich; Placo de Fouich 6 de Candalo p 42;
L'abric deou noble sang do Fouch. p 81. lascaro, lecha,
leychéo p. 82. lechi tout (je laisso tout) deche-m (laisse-
moi) exemplu-eychimples 83. frascinu-fréiche, vasca-baisso,
buscu-bouich, matasca-madacho, cosca-couccha. ascem-eich,
ech, eis; buxum-bouich, bouch; got. wahsjan-gaicha (bord.
gassa) matasca-madacho; vasca-baisso; plescu-plach, ploich
bé; plech g L'un segouteich lou plèich; l'auto amasso las
amouros (Prov, bé. l'un secouo la haic, l'autre amasse les
mûres. maxilla-maxera, frascinu-rescou, texere-texe, cosca,
cocsca, cocsce, coeisce, Fuxu-Fouich taxone-tascou Lespy.
examen-exami.: quin exami d'abelhes Serm p. 6. v. laxara
lexa. lexem tout aquero a part p. 7. examen-exami.: com
echamis d'abelhes Fond. v. 2404. exemia: Et lous manistres
hee lasbets eschamina ib 1274. exilla-eschère: iustas eschères
v. 1415. asca: lou chapeu debat l'ache 2115. mascilla-maxere:
Las qui bissen las maas, las cames (jambes), las macheres
831. macheras 294.

β) es vor Kons. wird zu s.

toul. exteriu-esteirs Monts 1179 v. sextu-sextale-sestau
ib 1236, sextaraticu-sestaradge und sestaragge Léz 75.
XII* explec(i)ta-espleita S¹ Gaud 1248.

arm prox(i)mu-prosmo XII* Rom. 1; 419.27.

agen. esteirs Cast 1270 esligi, csmenda, esmendade,
excadere-escazer ib escadude ib 1262.

bord. esteir S¹ᵉ Cr. 1217, escader 1248, eslegit 1292.

land. ester Sord. p. 151. dextrale-destrau Gaq, 1268.

bay. ester L d'Or fo 40. 1256, estrem und eslut ib fo
44, 1259.

bé esters Sauvet 1253. extranju-estrani Olor.

big sextariu-sester Big 3 v. esteirs, esters 4 v, sters
4 v, extrictu-estreitz 4 v. esdizer, esdeisses 16 r extrabere-
estraer, estrazer Bagn 1251. estrani, estranie, espleit ib;

estremitatz 1260¹ estrem ib und Bordères 1272. esforciuemenz, eslheit Bagu 1260².

estranges D'Astros p. 33. extonnare-estouna ib estene 53, estraniats 67. v. ex tremens: estrementi p. 73. de ex post-despuets p. 31. extrusu-estrous tout estrous ets sedan; extranjata estragnado ib extrafacere-estrefe-estrefaquèt, estrefèit: uno istorio estrefèito en gascou J. Jasmin. extorrere: l'òli s'estourris ib. ex + tartalhar (Naturausdruck od. arab. tartara-titubare?) davon estartalissa: et besaun que qualcun l'estartalisse Couzinie, exvallare-esbari: Triste troupèt, b'ès esbarit: Lou me pastou s'en ei partit C. Desp. extravagare-estraia, estralha. Quand l'erbo dins lou prat coumenco à blanqueja. L'en cal traire, autromen la mitat s'en estralho. C. Peyrot. ex + pugnare-espougna: Lou pai espugnèc la damaiseleto J. B. Bladet. extirare-estira. Que lou ducq hase bien estira las costures. Fond. v. 1339 estrem v. 845. per u cop escadence (ex + cadentia) v. 843. excommunicare-escouminja; escominjàbe v. 579. jus pene d'escomminge v. 576-sous peine d'excommunication. excalfacere-escauha. las carns l'escauhen Serm p. 8.

Liquida.

l.

1. Anlaut. l ist erhalten: latu-lad L d'Or fo 65, 1265. latrone-lairon Bagn 1251, lavare-lauar Big 8 r, laudare-laudar Auch 11. Jhdt. lettera-letre Bay 1247, legua-legna Big 7 v, leine Sordes p. 148. libru-libre Gab 1268, liberare-liurar Stᵉ Cr 1252, lupu-lob Sordes p. 123. locu-loc Big 31 v, 1258, Cast 1262.

Heute: laudatu-lausat D'Astr. 4, longu-loung 5, lucente-lusent 3, laksare-leicha 5, limarc-lima 53, lupu-loup, luna-lûo 91, latrone-lairoun 120, lairou Fond. v 583, lauda 158, leccare-eca v 731, legere-lege 220, lacte-leit 2347, lecere-lese 2461, libru-libe 1448, loc 187, lupa-loube 2595, luna-

luo 1296, luke-lutz 1034, longe-loenh, levjarja-leuyère, loc
(V de Bat), leuyè (Desp.), leugè (Nav.), lexatz, libe, leyera,
ligara, lepore-lèbe Serm.

Im südwestlichen Teil des Gaskognischen, also in
Bayonne, Béarn und Bigorre, wurde l vor e mouilliert.
lectu-lheit Bagn 1251, [eslheit ib 1260²,] lhevara Bay fin
du XII*(?) lheytz Dénombre 1385. lheba (Hist. s¹ᵉ), lheyt,
lhebara, lhebadure (Hist. s¹ᵉ), lheyt, lheytère, leve-lhéu,
lhebet (Arch. des Bas.-Pyr.), lhicyte (Cout. de Soule),
lheyte (Fors de Béarn), lhebade (ib), lhebade, lhebadou
(Mœurs bé 1335—1550). Daneben Hist. s¹ᵉ lebe u. leba,
wo die Mouillierung nicht ausgedrückt wird. lh auch in
Compositis: eslheit Bagn 1260² alheits und alhegon (ib),
alhega Bagn 1251, alheytara Fors de Henri II alheytar
(F. de Bé, Arch. d. B.-Pyr.), arlheytara ib, eslheytz Gast.
Phoeb. 1376. Beispiele aus neuerer Zeit: lectu-lheyt (Abbé
Puyoo) Fond. 1078, daneben leiet 1405. lheba (Fond. 1691,
E. Vign., Nav.), lhebade (N. Laborde, Ch. pop. Fond.
Past.), leve-lhèu (Fond. v 714), dilhèu (v 207, Peyret.),
enlheba, enlhebat (Desp.), enlheba-s (Fond. 896), eslhebat
(E. Vign.), eslheba (V. de Bat.), alheytat (Prov.)

Nach Par. de l'Enf. Prod. v 6 und 7 finden wir lh
in lovare in folgenden Orten (v. West nach Ost): Anglet,
la Bastide-Clairence; Sauveterre, Arzacq, Aramitz, Accous,
Bielle, Montaner, Pouyastruc, Galan, Juillan, Aucun, Gèdre,
Campan, Mauléon de Barousse.

l findet sich in Aragnouet, Aspet, Aurignac, Oust,
Daumazan, Rieumes, Aurignac, Masscube, Mimizan,
S¹ Vivien.

Obwohl luna stets luo oder lue ergiebt, sagt man
doch diluus und dilhuus in Béarn, Big und Bay. Lesp.
Pr. bé § 137. dilheus für dilhuus Fond. 2512.

2. Inlaut. a) intervokal.

Intervokal ist l geblieben: solarin-soler, desolare-desolar,
molinu-molin, mola-mola, epistola-pistole, salare-salar,

salutem-salut, valere-baler, celebrare-sclebrar, scala-escale, balena - balene, Phelippu-Felip, Acularius-Aguler (nom d'homme) Luchaire. colere-coler: No colas, no paas, Si met de mi as, Nad diu de dehora Ps. 1583 (N'adore, non, si tu as crainte de moi aucun dieu de dehors.) solamente-solamentz Baron béarn. XV^s; — solere-soler: Bernat sole aber tres fils ib Fon aqui totz dus soletz (ils furent la tous deux seulets) ib. — salutaris-salutari d'Astros p. 194; sulament ib p. 195; dolore-doulou, colore-coulou, mala-malo ib p. 3. volere-boler: Mes jou nou boli pas que tu me scandalises ib p. 12. — delicat ib p. 24, coelestis-celéste p. 160, consolare-consolar d'ou counsolo ib, envolare-enbolo ib. v volere und v sepeliri: E qui boulè le sepeli in le Hemne ancgade (Bay) querela-quereles ib. filare-hila, v filosu-hilouses in le Daune è les Gouyes (Bay); mantuletu-mantoulet ib, sepeliri-sepeli Schn. 211.

Durch Differenzieruug gleicher Konsonanten trat für l zuweilen r ein und umgekehrt r für l. soliclu-sourelh (Arch. d. B. Pyr., Hist. s^{te}, Nav., Fond. v. 2596, D'Astr.) davon soureye, sourelhet, sourelhin, sourelhot, sourelhou, sourelhas. lilju-liri (N. Past. V de Bat., D'Astr. [hastula?-estèro] ululare-urla (A de Sal.) ulla in Orthex ugla (Peyret), villula-Bileles 1154, heute Bilhèros. loskinjolu-lossinhol, lo lossinhol-rossinhol la Réole 1193. Arosinol Sauve fo 175 12. Jhdt. roussinou und rouchinou (F. Laborde). Peregrinu-Pelegrin Morl. 9 v. 12. Jhdt. Pelegri ib fo 10. pelegrii (F. de Béarn), pelerii (Dictons).

Wir schliessen hieran einen Fall, wo l vor Kons. zu r wird palpebra-perpere (Lamolère, Nav., V de Bat., Peyret) davon perpereya (Lamolère) perpet (A de Sal.) Hier findet umgekehrt Angleichung ähnlicher, zwei aufeinanderfolgende Silben anlautender Konsonanten statt.

Auf Versprechen wird auch das r in calare (gr. χαλᾶν)-carar Big 1 v beruhen. cara Prov. davon carademont, carade (Bar. bé). Heute cara Fond. v 908.

ll hat im Gaskognigschen einen eigentümlichen Wandel.

erfahren. Im Inlaut ist ll zu r geworden und zwar in
sehr früher Zeit, wir lesen bereits la Réole 1080 Casterer.
Diese Wandlung ist für das Gaskognische durchaus
charakteristisch, wie wir aus folgender Zusammenstellung
sehen: Pollinu-g. pourin, bé pouri, g. prov. poulin, alp.
poulhin, Var pouihin, pouïn; dauph. pouilen, lang. d'oc.
pouli, poulhi. — pollotu-g. pourct; g. prov. poulet; perig.
pouleit, Aude poulhet; dauph. polat; cat pollet; bas-lim
polet.-patella. g padère, prov. padelo; lim. dauph pelo;
cat paella; — gallina — g. garino, g. prov. galino, lg
galhino; cat. gallina. cappellaau — g. caperan, g. prov.
capelan, lg. capela, lim. chapelan — devallare-g. debara,
g prov. devala, lg. debala, cat davalar.

Beispiele aus älterer Zeit: apuera Monts 1179. caball-
larju-cauarer Léz fo 286, 1232. apera Sᵗ Gaud 1248.
aueraned Mas d'Azil 1130. sagillata-sagerade Auch 1256,
1258, 1259. cellarjarju-cerrarer ib 1257. caperan ib 1257 u.
1260. Villanu-Biran ib 1260. Casterar la Réole 1080
bellavalle berabat Sauve fo 263. ella-era, caperans Sᵗᵉ Cr.
1234. caperan, aquera ib 1236. scrarer 1237 appellatu-
aperat 1244, novella - noera, cellarja - cernyria 1290.
cernyrer 1292; apera, era, appelletarju-aperad Sᵗᵉ Eul 1237.
aperad Cast 1256. casterar Sordes p. 51. Fontanellas-
Fontaeres p. 120. 1119/30. sageran, sagerad Beyr 1256,
caperan, bera Gab. 1268. casterar L d'Or fo 13 r, saierades
ib fo 44, 1259. caperan ib, apereran Bayr p. 452. 1215.
sagerassem ib 1282. pericer Morl 5 v. caperan Orth 1246,
sagerades Sauvet 1253. Prunelleta-Pruereda Big 1 v capera
2 r, gallina-garia, garies fo 3, Aueraed 5 v, Aueraet,
Casterar fo 11 v 1142, caperaa 31 r apera, aperade Bordères
1252. saierades 1272. capera Maub 1257, Arne 1260,
caperaa Tarb 1285. follata-forade Olor. pagella-payere ib.

Beispiele aus späterer Zeit: vacella-baxero (Hist. sᵗᵉ)
bachere (Prov.) bullire-bori (Arch. 1480.) maxilla-maxera
ib, machera (A de Sal.) follare-houra (Catech.) stellare-
estera Fond. Past. pagellabant-pageraben Hist. sᵗᵉ sella-
sère, ella-ère, polla-poure, pouret, garie, gariole (Prov.)

poumpouse e bere (Hatoulet) cappella-capère, appellat-apère, bère, ella-ère novella-nabère (V. de Bat.) sella-sère (Fond. v. 278.) maxellanu-maxeraa 294. maxella-maxère 831. follare-houra 2563. apera 113. aquero 62. garie 236. bouri 863. caperaa 106, capère 2024. devallare-debara 1170, debarade male 1172. polletu-pouret D'Astr. 8., gallinatugariat 81, 83, aquèro 82, ella-ero, bella-bèro, appellat- apèro. 86. caperan 95. gavella-gabèro C.-M. 312 apèro 313. machèro 314. v. bella-beroyo 314. sella-sèro Blade[1] II, 22, bourit, rebourit 1 175.

In einigen Worten findet sich l statt r für ll, diese beruhen entweder auf vlt. Formen mit l wie estela für cl. stella-estela St Eul 1237. oder es sind Lehnworte aus dem Französischen wie uile Auch 1256[1] bile Sord. p. 130. L d'Or fo 11 r. etc. Heute estelle Fond. 1179. für estele, ville 1336 für bile. Zuweilen finden sich Formen mit r und daneben solche mit l z. B. bella-bero D'Astr. p. 8 doch belo p 4., naouéro p. 178 und noubélo p. 4. Ohne Zweifel sind béro v nawéro die eigentlich gaskognischen Formen.

Tritt ll in den Auslaut, so wird der Verschluss vollständig, ll wird zu d und zu t schon in sehr früher Zeit, bereits im 11. Jhdt.: caballu-cauad St J. du M. fo 18, bellu-bet ib fo 43 r., wenn sich daneben noch l findet wie in castel ib fo 18, so ist dies wohl nur Schreibung.

Beispiele: castellu-casted Léz 1189 Monts 1239, aber aquel ib; valle-bet Sim. fo 375 v. 12. Jhdt. bad ib fo 379 r, bed ib 382 v (1132) doch bel fo 379; casted fo 378 r, bellubet 379. caballu-cauad Auch 1259 aqued, saged ib saged 1256: aqued, casted, Casted-gelos Cast. 1270. cauad la Réole 1089 Casted-gelos 1172 castet 1186; muret Sauve fo 101, Berabet fo 263 aquet Esc. Dieu 1267 S^{te} Cr 1235. fratet Sord p 69, martet p 68$_2$ 91; fratet 70, casted 89, bellubeit 111 pratellu-pradeit 120 rastellu-arrested Gab 1268, saged, casted Beyr. 1256 casted L d'Or 21 r, a 1187 badellubaiched fo 44, 1259, saied ib; praded fo 66, 1265 ille-id Bay 1282 quet ib naued fo 47, 1261. casted Sauvet. fo 100,

12. Jhdt., Pau 1270; sngels 1253, aqued, quet Olor quel,
aquel ib; casted Big 3 r, 6 r, anhet 4 r, vallu-bat, aquetz
4 v bellu-bet 6 r agnot 7 r, flaget 7 v, quels 8 r, castet 14 r,
15 v, Centot Bagn ea 1125. contod, aqued, aquedz 1251.
Aus späterer Zeit: aquet D'Astr. 6; vallu-bat 11,
bellu-bét, troppellu-tropét 16 ellu-et 24. novellu-nawét 95.
troupet, castet C.-M. 274. agnets 281. bet 318. avicellu-
ausot 320. So de nabèt qu'ey bèt (Prov. H.) aquèt, pellu-
pèt, anhèts Serm. troupèt Fond. 318. castèt 15, mesellu-
masèt 874 macellu-masèt 89 [1], devallo-debat 1323 pello-pèt
1227, collo-cot 2309. ausèt 873. aquèt 1228.

Il im Auslaut zu d geworden, wurde jedoch nicht
immer zu t, sondern auch zum stimmhaften palatalen
Verschlusslaut und zwar im südlichen Teile unseres Sprach-
gebietes. Man kann wohl nicht annehmen, wie Paul Meyer
Rom. V p. 369 schreibt, dass ll ursprünglich zu g geworden.
Er sagt über ll im Auslaut: „Lorsque la voyelle finale du
latin vient à tomber, les deux ll, qui se trouvent dès lors,
non plus entre deux voyelles, mais à la fin du mot, devien-
nent g dans casteg, eg. Dans la charte landaise (de Gab.
1268) l'l double devient en ce cas t ou d, cet emploi du t
ou d d'une part, du g d'autre part, au lieu d'un même
groupe latin, marque évidemment deux sons distincts; et
a priori un peut croire que ces deux prononciations apparticn-
nent à des lieux différents. Cependant il n'en est pas tout
à fait ainsi, comme on va le voir. Je remarque d'abord
que l'une et l'autre prononciation ont existé successivement
en Béarn, celle avec g étant la plus ancienne, car, d'après
le Dict. top. des Bas.-Pyr. de M. P. Raymond, les lieux
qui actuellement sont nommes Castet sont généralement
écrits Casteg jusqu' au XVIIᵉs. D'autre part le Fors de
Béarn qu'on peut considérer comme représentant l'état du
béarnais au XVᵉs ont à peu près constamment la forme
en g. Ainsi dans les premières pages on voit paraître eg.
egs et son composé aqueg, aquegs, puis casteg etc. Mais
on rencontre aussi dès les premières lignes aquelts et aquetg
qui indiquent une prononciation incertaine, où le t se fai-

sait entendre. Bien plus il y a des documents où les deux
finales sont employées; ainsi dans un acte écrit à Meilhan
je trouve succéssivement eg, ed, aquet, quet. Un peu plus
au nord la terminaison en t ou d règne exclusivement et
je ne rencontre pas de g pour ll latin dans les documents
très-nombreux qu'on possède du Bordelais." Auch Lespy
beantwortet die Frage, ob g oder t(d) älter sei, meint aber,
dass sie gleichzeitig seien: Gr. bé § 120: Le g final est-il
là (in beg, cog, eg, casteg, coteg etc.) plus ancien que
le t? — L'affiirmative ne pourrait, à notre, connaissance,
s'appuyer que sur un seul exemple. On voit dans le Dict.
top. d. Bas.-Pyr. que le nom d'une commune du canton
de Pau-Est, Assat, s'écrivait Aeseg en 980. Cet exemple
unique mis decôté, on peut dire que g et t, ou d mis pour
t, furent contemporains. On trouve eg. lui' dans le For
d'Oloron, XIᵉs, à cette même epoque Narcastet (Anercastel-
lum), nom d'une commune du canton de Pau-Ouest, était
écrit Narcasted.

Mehrere Thatsachen sprechen jedoch dafür, dass ll
zuerst d wurde und dass sich erst aus d t und g ent-
wickelten. Wir finden d auf unserem ganzen Sprach-
gebiete, g nur im Bereiche der Pyrenäen und zwar hier
ebenso häufig d oder t geschrieben. In dem Texte v
Soule 1252, der M. P. Meyer zu obiger Äusserung Ver-
anlassuug gab, finden wir z. B. zweimal aquet. Häufiger
wird g bes. in den Texten des XIVs, wie auch Luchaire
Idiom. p. 213 bemerkt, so finden wir Hist. sᵗᵉ eg, cooteg,
casteg, aqueg etc. Ausserdem finden sich einige Belege,
dass lat. d(t) in jener Gegend zu g geworden: bladu-blag
Monts 1236, datu-dac Léz 980. Wir haben also aus demselben Jahre, aus dem wir ein Beispiel dafür haben, dass
ll zu g geworden, auch ein solches, dass d schon g werden
konnte.

Heute ist t für ll Regel, doch finden sich noch einige
Gegenden, in denen g als tch erhalten in Accous (Vallée
d'Aspe) Bielle (pays d'Ossau) aquetch Par. de l'Enf. Prod.
v. 3, betetch v. 10, ebenso in Mauléon de Barousse (pays

des Quatre Vallées) in Oust (vallée du Salat) Sentein (haute vallée du Lez), während man in Asped (Haute-Comminges) aquech und bedech spricht.

b. 1 nach Kons. erhalten.

toul. anglada Lez fo 77 a 1143; Guilelmo dez Plas ib fo 75 r⁰. Bencla, Bentla, Arlos f 286. a 1232. blad fo 290. parla ib. Blanca. St. Gaud. 1248. clamaur (réclamait Monts. 1179). ariég. ecclesie Mas d'Azil 1130. claustr 1180. arm. public Auch 1256. clam-réclamation v. clamare ib; plus, claustra ib 1257. agradable ib 1258. eclesia-glicie ib 1259. clamaun (-ils réclament) Simorre 1132. dobblia Bonef. XII s.

bord. Anglaterra Sᵗᵉ Croix 1234, 35. Sᵗ Mich. 1236. Sᵗᵉ Eul. 1243. cler(i)cu-clerc, claustrer Sᵗᵉ Cr. 1243. corsable, artiglo ib 1271. blat. ib 1290. ample, clerc Sᵗ Mich. 1236. gleiza feuill. 1237. gleisa, profetabla. la Sauve 1240. claud(e)re-claure Bordeaux 1262. plomb ib 1275. agen. conplir, gleiza Cast. 1256. agradable 1262. clerg, gleiza, blad, sing(u)lu-senglas, declarar, estable 1270. land. sarclare-sarclar. Sorde p. 137. reclamasse (réclamât) clamor, sec(u)laris-seglau Beyr. 1256. reclamaran (rèclameront), complid, gleise Gab. 1268.

bay. glizie L. d'Or fo 24 r. pople ib fo 286 v 1232. pobleiau ib 1259. clerg ib establa ib f 47. 1261. ondrable, (honorab(i)le). obliguei (j'obligeai) ib. claustra Bay 1282.

béarn. anglade Lucq 66 r XII s. complian (accomplissions) Sauveterre 1252. sing(u)lare sencles ib 1253. establim (établissons), Pau 1270. saoc(u)lu-segle ib; clam, clamor, establi (établit) poblaumenz, clam (qu'il réclame) Oloron 1290.

big. semlance big 4 v, conplir ib, senglas ib 7 r, flagellu-fiaget ib 7 v. gleisa 7 r, gliesia 4 v. reclamation, despoblar, blad, clam, clamaue (réclamait) Bagn 1251. cumplir ib 1260. agradablemenz ib; clamans, blad, bloge, samlare, semlance ib 1260ᵉ saec(u)lu-segle Bordères 1272 clerg Tarbes 1281. gleisa ib 1285.

Aus späteren Perioden: glande-gland und agland: Qui au bosc deu senhou pren u agland. Qu'eu deu u cassou au bout de cent ans (Celui qui dans le bois du seigneur prend un gland, lui doit un chêne au bout de cent ans) Prov. ecclesia-gleyse. Qui ha heyt la glèyse, que he l'autaa (qui a fait l'église, fasse l'autel (Prov.) Voŋ claru-clareya-commencer à luire: Nou beberatz nat gloupt l'arriu qui clareye (vous ne boirez aucune gorgée au limpide ruisseau). Hatoulet. nub(i)a-nubla(s) Ps. 29.

l vor Konsonant.

l vor Konsonant wurde gegen Ende des 12. Jhdts. zu u, wenigstens finden sich Belege für die Schreibung mit u erst seit dieser Zeit. Sordes p. 119/120: arecolters neben couture; salvaticu-saubatge Big 2 r neben albu-alb ib. Gesprochen wurde zu dieser Zeit das l vor Kons. sicher u und wahrscheinlich schon seit längerer Zeit. Dieses epent. u entwickelte sich nicht nach lat u: pulicepus (Prov. bé) nach i finde ich nur filu bastare-biubasta, in welchem Worte man vielleicht noch die Zusammensetzung gefühlt hat.

Beispiele: aumoine (eleemosijna) Monts 1236, autrei Aribauta St Gaud 1248; autre, aubergadas, Guiraud Auch 1256, salvu-saub, autre, Rainaud 1257, autre 1258, autru, Arnaud, Guiraut 1259, autru etc. 1260 aumone ib aumoine 1256[1], 1258 saubar, saub, sauba S^{to} Cr 1234, Reynaut, Arnaut d'autra part 1235 d'autra St Mich 1236 soltu-sout saubar S^{to} Cr 1237, silva-sauba S^{to} Eul. 1237. seube Sauve 1240, Guiraut Feuill 1237, oltra-outra St Mich 1244, aumosner S^{to} Cr 1248 und altu-autar 1274, soudz 1290. aubareda und albareda 1290. calidarja-caudera Bord 1275. assolvere-asoubre 1262, saub, aubergade 1270; daneben aber altre, altrui, almoina, oltre, fizeltat 1270. colturacouture neben arrecolters Sordes p 119/120, Arnaut p 138/9, calida-caute p 137, saubadge, autres, Arnaut, Guiraut Beyr 1256; caudera, autras, fauquedera, psalterju-sautéri, Arnaudi, Guiraudi Gab. 1268. saub, douce L d'Or fo 24,

12. Jhdt. kein Beispiel mit l; autre, moutz, moutes,
Arnaut, Saubaterra fo 30; auter, autro fo 44; Arnaut
Mort. fo 10. 12. Jhdt. autre, Guiraut Crth. 1246, fedautat
saubas Soule 1252, saulom Sauvot 1253; saubotat, faus,
soule, souta, scuba Olor. saubatge Big 2 r, autro 4 v, 8 v,
autar 14 r, seuba 30; assaut, fauso Bagn 1251; coute,
augun, maufaitor 1260, augun Arné 1260, coute, saub,
assaubo, aumosne Bordères 1272, assoute Tarbes 1281.
Aus späterer Zeit: aute, saute D'Astr. 13, sautarèlo
ib grapaldu-grapaud 9. alta-hauto 29. v. dolce-douçou
ib. bous, autz, calidarjo-cautère, saubatye, Saubaterre,
calefant-cauhen (Serm.) alte-aut Fond. 4, calidu-caut 1185,
calidarju-cautè 2444, v. calceus-descaus 1136. saubadou
457, saut 63. falsu-haus (Nav.) altu-haut ib, hauto Desp.
altare-auta V. de Bat. caut, saut (Nav.)
l im Auslaut.
Wie l vor Konsonant zu u wurde, wurde es auch im
Auslaut zu u vor .flex. s, aus dem Nominativ drangen die
Formen mit u dann in den Obliquus. Bereits im 12. Jhdt.
finden wir cazaux (casale) Sim. fo 372. de los-dous L d'Or
fo 24 r 12. Jhdt. u. ohne s: Espagnou Lucq fo 66 v 12. Jhdt.
neben Espagnol ib fo 65 v.'
Beispiele: toul nur deu Léz 1230, Monts 1235, 1236,
daneben cel (kelu) Léz 1232, el, els, nadal, leial, casal
Monts 1235, leial, local S¹ Gaud. 1248. arm. casau Bonef.
12. Jhdt. casaux Sim. 372. 12. Jhdt. eu, temporau, deu
Auch 1256, tale-tau 1257, leiau, casau 1259, doch noch
cel 1259 und capitol (gelehrt) 1260. agen noch immer l:
aital, mal, communal, Bordel, quel, quauls Cast 1270.
bord. tau, casau S¹º Cr 1235, Vitale-Bidau 1237, generau,
especiau, personau 1290, espitau 1292 (alle 4 halbgelehrte
Worte), sole-sou Feuill 1235, caus 1237, eu, Miqueu S¹ Mich.
1236, eu, deu Sauve 1240. Bidau Bord. 1262. land. mau
Sord. 12. Jhdt. portau ib 144/45 deu p. 1. leiau Beyr 1256,
aber Gab. 1268 noch leial, missal, dominical. bay. deu
L d'Or fo 18 v, 1193; 19 v 1188. dous 24 r, pau fo 45, 1259;
seignau, Miqueu fo 65, 1265, censuale-seissau fo 68, 1266.

deu, Nadau Bay 1247. dou 1268 senhau ib; signau 1276, eus 1282. bédeu, mau, vale-bau Soule 1252, queu Sauvet 1253, deu, tau, atau, mau, senhau, loquau Olor. Daneben tal Sauvet 1253 atal Olor. big. casau, artigau Esc. Dieu 1175, Nadau ib 13. Jhdt. casau Big 19 v, Bagn 1260[1], sole-sou Bagn 1252, eus, temporau, ceu 1260[1], ceu Bordères 1272, tau Tarb 1273 aber noch leial, leyal, legal Bagn 1251, senhal, dels, els 1260[2] els, del, cel, tal Bordères 1252, capitol Luz 1257.

Wir sehen also auch hier wie im Inlaut die Wandlung von l in u von der Küste nach dem Innern zu vor sich gehen. Vergl. auch Lespy Gr. bé. § 56.

Beispiele aus späterer Zeit: kelu-ceu D'Astr. 3 casau, mau, 4; taus v tale 5, calct-cau 10, deu felu-héu, meleméu 80. mau, metau Serm., calet-cau C.-M. 282, mau 283, ospitalo-oustau 286, ceu, Fond. 42, journau 79, lejau 23, maxau 142, nadau 550, fole-hoü 577, gentiu 681, mau 1112, houstau 1125 und oustau 2238; casau 1231, meu 2347. sal-sau, alo-au, atau (Desp.) deus, peu cèu, soü (V. de Bat.).

r.

Die gaskognischen Dialekte zeigen einen lebhaften Widerwillen gegen anlautendes r, gewöhnlich wird r verdoppelt und ein a vorgeschlagen, mag das vorhergehende Wort mit Konsonant oder Vokal aufhören. Diese Erscheinung findet sich auch bei den Basken, wo neben a auch e und i gefunden wird, je nach der Natur des folgenden Vokals: arraison, errege, hirriscu. Von diesen alten Bewohnern der Gaskogne haben die jetzigen diese Eigentümlichkeit übernommen. Deswegen findet man die Abneigung gegen anlautendes r besonders in den dem Baskischen benachbarten und vom französischem Einfluss weniger beherrschten Gebieten. Schon in den ältesten Texten findet sich der Vorschlag ar sowohl nach Konsonant wie nach Vokal:

Signum Arregemundo la Réole p 107, anno 990 und Forto Arreinaldo ib p 112, a. 1026/30. d'Aroqafort Monts

1179 Arramonamel ib ripa-ariva S' Gaud 1248. Arremon
Auch 11. Jhdt. ratjone-arazon ib 1256[1]. Arramon Bonef
12. Jhdt. arazon Cast 1256 arecoubudas ib; Arrufatum la
Réole 1087 Aramon S'° Cr. 1234, arendre 1238, arendre
1243, arega 1246 etc. arradon Beychac 1236, arosinol (los-
kinjolu) Sauve fo 175 12. Jhdt. rotundu-arredon ib 159.
Arramond Sordes 1010 rivu altu Arribaute ib 1015 arrencor,
aroncura Beyr 1256. arraubeire araubedor Dax 1268. ramu-
arram, rastellu-arrested Gab. 1256. riccu-arric L d'Or fo
30 v, arrecurar lo 40, 1256. Arremon Morl fo 6 v, arenon
(rendirent) Soule 1252 v, raubjan arrabas für arraubas ib
1259 arreconexem Pau 1270 arrefector, arauberia Olor
arancura Big 4 v, reddere-areder ib, arrede 7 v, arezon
Bagn 1251 arrendud ib arrazoo Bordères 1272 Tarbes 1285.
Beispiele aus späterer Zeit: n'arroumpe D'Astr. 194;
re-d'arren, reclamare: et arreclame 98. m'arrecoumandi 105
miserio, arre 105 radju-mas arrajos 107 bet arrastet 128.
l'arrecoumande Fond. 2608. poudoure arrecapta 2222. rapa-
arrabe: Oun nou pot tira sang, d'ue arrabe (Serm), davon
dimin. qu'arrabot Fond 2553. quauque arraditz 1112.
arroussega (Serm.) radju-array (Nav.) grands arrays und
l'array (N. Laborde) arraditz (A de Sal., Nav.) ramu-
arram (Hist s'° V de Bat.)

Dieser Vorschlag findet sich auch in solchen Wörtern,
in denen r erst sekundär in den Anlaut trat so z. B.
fraga-arrague (Prov. bé, Nav.) frigidare-arreda (Imitat)
fenestra-arriesto in Ossau vergl. auch f.

Ist der nach anlautendem r stehende Vokal ein ton-
loses e so fällt er aus arceberen für arrececeberen Monts
1179, arcebut Cast 1262, retonda (cl. rotunda-ardona la
Réole 1070, receptu-arciut Sordes p. 106, L d'Or fo 100,
retinjo-artingo fo 30 r, retinere-artier Bay 1282, v. remanere
armaira, retractu-artreit, artreitat, artincut, arcebut, arfu-
guera Charte de Jean Sans-Terre 1213, respondere-ares-
pondre-arspondre-aspondre (davon) aspone Soule 1252.
arcep, arceb, arthiencu Olor artielt Big 3 v, arcebossan 4 v,
artenco Bordères 1252. arcep, artengo Arné 1260, remanata-

4

remata-armade Bagn 1251, arquerit, arquest armangos ib
1260[2], artengud Tarb. Später: arceber, arcoelher, arthier
(Hist. s[te]) revendere-arbene, reponere-arboune, recipere-
arcebe, arcebets, arcouelhe, arnega, retondu-ardoun (D'Astr.)
arcoelhe (Fond. 2053 Vignancourt).

r im Inlaut:

a) intervokal ist r geblieben: curat(o)r-curadre S[te] Cr
1286, arare-arar Sordes p. 148, declarar Cast 1270, parabula-paraula Monts 1179, Léz 1189, Big 27 r, horas-ores
Cast 1262, hore Bay 1247, arena Big 19 v, querir Auch
1256[1], ferir Bagn 1251, esperit Auch 1256[1], espiritau ib,
esperitau Bagn 1260[1], Tarbes 1285, baron Cast 1270, baros
Bagn 1251, barouns Soule 1252.

Aus späterer Zeit: marida, paraula, reparats, malhurous D'Astr. 255, merites 256, endurat 257, juroment
parelhos 258, urousoment 259, adori 276, marida Fond.
v 160, marit 325, ore 261, caritat 110, Mouron 12, paraule
907, fere-here 226, auragiu-ouradge 2420, floura 1417,
daurat 2240, cere 2018, paraule, malhurousamentz, tira,
preparat Serm. mouri, cabirou (Vign.), malhurous, meritatz,
cabirou (Desp.) Juransou, mouri, goari, diseri, bouleri (Nav.)

Tritt intervokales r in den Auslaut, so ist es früh
verstummt, obwohl es in der Schrift in den alten Texten
noch meist erscheint, in einigen Worten — fast ausschliesslich Einsilbner — sogar noch jetzt geschrieben
wird. Ebendies gilt auch von Worten, in denen intervokales r sekundär entstanden wie in fratre-frair. Die
ersten Beispiele, in denen r nicht geschrieben, sind arrede
Big 7 v und frai Bonefont, beide aus dem 12. Jahrhundert.
frai auch Monts 1179. Die Beispiele mehren sich um die
Mitte des 13. Jhdts. frai Lez 1232, defene Auch 1256[1],
prene 1256[2], bene 1258, frai 1256[1] und 1259, prene S[to] Cr
1270, matre-mai L d'Or fo 51, 1258, Petru-Pey Bay 1282,
frai Orth 1246, solvere-soube defene Olor. arrede, fray Big
7 r trasmete, martyrorum-martro Bagn 1251, martros 1260[1],
liberare-liura 1251, frai ib und 1260[1], potere-pode, essere-
esse descarricare-descargaa, mai, may 1260, crescere-creixe,

altingere-atenhe, sustinere-sostie, viridarju-bergo 1260², frai
Bordères 1252, Arnó 1260, recebe Arné 1260, prene Tarbes
1281. Häufiger ist r in der Schrift erhalten. So findet
man zwar frai Bonef 12. Jhdt., aber frair ib v 1224; aredo
Big 7 v aber areder ib 4 v liura Bagn 1251 aber fermar
und clamar ib. Wenn so in einer Urkunde sich liura
neben fermar findet, muss die Artikulation des r eine sehr
schwache gewesen sein, gesprochen wird es noch sein,
denn wir finden es in den nächsten Jahrhunderten noch
immer geschrieben; verstummt ist es zuerst in Worten
wie fray, may also nach Diphtong, denn wir finden diese
Worte seit Ende des 13. Jhdt. fast nie mit r geschrieben,
so regelmässig ohne r in Hists sᵗᵉ, während die Infinitive
meist noch r haben mynyar, venire-vier, estreger, doportar,
far, castigar, boler daneben bole. Bd. 1 p. 54. Erst gegen
Ende des 16. Jhdts. schwindet r in den Infinitiven so
periglaa, parlaa Ps 29 1583, während es in Einsilbnern
noch leise gehört worden sein wird, denn A de Salettes,
der seine selbst gemachte Ortographie sehr genau befolgt,
schreibt doch neben sere-sec, mare-maa auch mar.
Beispiele aus neuerer Zeit: passa, puya, engatya,
tourna, fray, calou, pay, may, pastou Serm. prega Fond.
1001, emplega 1002, Saubadou 985, altare-authaa (pour
autaa) 1066 quita 1096 autou 184. errou 1199 obscuru-
escu 707, 1124 haunou 909, 1417 flou 1418. colou, flou,
pastou serbidou, dise, pay D'Astr. 35. aucise, ploura, rise,
pensa 37 amou 41. rencountra, racounta, remete, amou,
pay, may, altare-auta, counsenti, Saubadou (V. de Bat.)
pastou, amou, senhou serbidou, cambia, counsoula, enlheba,
cerca, flou, caressa, trouba (Desp.)
Häufig findet man die einsilbigen Worte: mare-mar,
pare-par, sere-ser, auru-aur mit r geschrieben. hierzu
kommt noch das franz. entier und thesaur, mit r aus
Analogie zu aur, ausserdem soror-sor neben serou, das sich
z. B. bei Dr. Mayniel findet: In diesen Worten wird r
nicht gesprochen. Wir sahen bereits, dass A de Salettes
noch mar und maa schrieb. In Imitat und N. Past. mar,

paa schon G. Phoebus 1376/8. see A de Sal. und in
dem Prov. Gase. Mès en sèt sis Qu'en sèt mes: sees bei
Fond. v. 1550 pa ib 2541. au (A de Sal. Fond.) tesaus
(A de Sal.). sô D'Astr. 128.

b) r vor Konsonant.

r vor Kons. bleibt erhalten: arbore-arbe. Bagn 1260[1]
corporau Auch 1259[1] cordador Morl. 7 r portau Sord. p.
144, 145. carta-carta Big 4 v, carte Monts 1179, Bay
1247, Arné 1260 gardar Big 7 r Tarbes 1285. cercar
L d'Or fo 45, 1259. sarclar Sord. p 137. argent Orth.
1242, Cast. 1270, bersana S[to] Cr. 1298. uersano Sauve fo
262. fermar Léz 1189. ferma Sauve 1240, Cast 1256.
arme Olor. Arnaut L d'Or 1259. Arnau Beyr 1256. Beispiele aus neuerer Zeit: marcat, carn, tourna, arsenic, sourti,
cerca serbiele, partiram, moustarde Serm. encarcerit Fond.
1404 encorda 158, torse 1340, tourna 203, merce 1561,
mourt 2366, cerbet 1181 (cerebellu), esparti 2249. herbetc,
cerca, goardabi, mourt, infourtunat, pourtatz, bourdat,
aryent Desp. court, mourt, parlen, Argoune, Marselhese,
pourtat libertat (Nav.) cournut D'Astr. 98, morto 97,
gouardatz, cornos ib cardenaus, mort, mourdera 96, bertut
91, fortuno 84, boulouards 82, sourtic, ib, pourta, port, tort,
bord 79, fortia-forço ib perdoun 76. rs. r assimiliert sich
an s: bousso (D'Astr.) bossa (Arch.) cursa-cousse (A
de Sal.).

Tritt r vor s in den Auslaut, so verstummt r. Die
Artikulation des r vor dem Sibilanton war ursprünglich
sehr schwach, daher corps Big 4 v, cors Cast. 1270,
S[to] Cr 1270, Olor neben coos Soule 1252, cos 1251, 1260[2].
Bereits in Hist. s[to] 14. Jhdt. ursu-oos, ous (G. de Bat.) os
(Inventaire) cous (A de Sal.); coos (Hist. s[to]) cos (D'Astr.
III.), secous (ib III), so cos (Hist. s[te]), secous (A de Sal.).
Zuweilen schreibt man noch r und Lespy verlangt es so-
gar, sagt aber, dass es stumm ist. r bei F de Labourde
ours, es wird aber auch bei ihm nicht gesprochen, denn
wir finden bei ihm ous und corpus-cos. borsa-bourse rr
im Auslaut wird zwar als r geschrieben, aber nicht mehr

gehört. In unseren alten Texten wird er zwar immer geschrieben, die Artikulation wird aber schwach gewesen und früh ganz verstummt sein. fer Bord. 1275. torre-tor Auch l. n. XV. 11. Jhdt. Big. 13 r, Sⁱᵉ Eul. 1243. too (A de Sal.) hees ib. hé caut Fond. 1441. carru-can (A de Sal.).

Tritt r nach Abfall eines d in den Auslaut, so verstummt r. cor noch geschrieben in Mas d'Azil, cor auch noch ethymologisch bei Fond. v. 63, aber coo (Desp. V. de Bat.), Pr. bé.

Wenn r nach Abfall von n in den Auslaut tritt, bleibt es erhalten: torn Auch C. n. XV. Big 6 r, jorn Sⁱᵉ Cr 1238, carn Big 8 r. tourn Lespy journ Catech. (D'Astr.) carn (ib) car (Fond. v. 76). fornu-hourn (Imitat.) hiber (Fond. 82 t, F de Laborde), iher (Fond. 42, Serm, D'Astr. 7).

r nach Konsonant bleibt im allgemeinen erhalten.

paupru-paubre Sⁱᵉ Cr 1292 aprile-abril Luz 1226 opera-obre Cast 1270 L d'Or 24 r, operarju-obrer Bord 1262, operatarju-obredeir Bay 1282 cupru-cobre Bord 275; libru-libre Gab. 1268 libra-libra S¹ Mich. 1244, Cast 1256 libro Sⁱᵉ Cr 1234, Cast. 1270. liure Bagn 1251. februarju-feurer Monts 1236. bib(o)re-beure Big 8 r, Beychac 1236 tracre-treir Cast 1256 plaire Olor, traire Cast 1260 enteirament Cast 1270 negru-ner S¹ J. du M. 9 v. 11. Jhdt., vederabent-beiran Beyr 1256 Bayn 1260² veyran Cast 1262. — r also auch erhalten, wenn der vorhergehende Konsonant unter Entwicklung von par. u oder i schwand, abgesehen von dem Fall, dass r in den Auslaut trat, wo es erst schwach artikuliert wurde, später ganz schwand. Vergl. oben intervokales r im Auslaut. Beispiele aus späterer Zeit: leporelebre D'Astr. p. 44 apricu-abrie 15, obros 67 sobro ib laura, lauradou (D'Astr.) aperire-aubri Fond v 42 superare-soubra III 3. lauradou v 130 biberaticu-beuratge v 879. deliura (D'Astr. A de Sal) quadru-couairo (Fond 1382, Denombr.) cayroos (Art de Bé.) petra-peyre (A de Sal, Art. de Bé.

Fond 748) latrare-laira (Prov. bé., D'Astr., Nav. lairoun
(D'Astr. 120) vitru-veyre (D'Astr. 110).

rr in der Schrift meist als rr erhalten, aber wohl r
gesprochen, so schreibt Desp.; courau v corrale, Lacaze:
courrau, dafür scheint auch zu sprechen, dass rr im Aus-
laut verstummte: corré-coo (A de Sal.) carru-caa ib.
Beispiele: corra Olor guerra Big 13 r, Cast 1270 guerre
Sauvet 1253. carreiar Sord. 119. 138.
Aus neuerer Zeit: guerre (Nav. D'Astr.) courre (Peyret,
Nav.) courrent (Gassion) carretta-carrete Hist.¹sᵗᵉ carratarju-
carratè (Fond. Past.) carreia (A de Sal.) carrossa-carroche
(Nav.)

sr, mr, nr. Zwischen s und r schob sich t, zwischen
m und r : b, zwischen n und r : d ein: estre Sᵗᵉ Cr. 1234,
Monts 1236, Cast 1270; remem(o)rantja remembranse Bay
1247 remenbransa Sauve fo 330; honoratu-ondrad, ondrade
Beyr. 1256; ondrabe L d'Or for 47, 1261 hondrable Cast.
1270, Honricu-Andric L d'Or 1259. — mombraba (A de Sal.)
mombri (Bar. bé.) membre Hist. sᵗᵉ remembre ib. — ondra
(Hist. sᵗᵉ oundre (Garet) houndres (Chart. pop.)

Nach Konsonantenverbindungen ist die r-Artikulation
sehr schwach, daher wird es oft gar nicht geschrieben.
alte Monts 1236 neben altre Léz 1189, Big 13 r, Cast
1256, 1262, 1270. aute Big 29 r, Ollor. autre Big 4 v, 8 v
L d'Or 30 v Orth 1246, Auch 1256¹; magistru-maeistre
Sᵗ Mich 1236, maeste Auch 1256² arbre-arbe Bagn 1260¹ —
Nouste Dame (V de Bat.) nouste (D'Astr.) aute Fond. arbes
Hourcast ventre-bente (Fond. 856.) bente-boeyt (Nav.) bente-
boeyta (Lacontre) astru-aste (D'Astr. Laborde)

Hauchlaute.

Im Gaskognischen ist sowohl der spiritus lenis des
klassischen Latein als auch der spiritus asper (germanisches h)
verstummt. In älterer Zeit ist h auch in der Schrift selten,
jetzt pflegt man es häufiger zu schreiben, ohne es jedoch
zu sprechen.

Geschrieben wurde h z. B. in habere-ha, han Bay

1247 haurin ib 1272 hauens S^te Cr 1292. hora-hore Bay 1247
horni, heirs ib. hospital-hostau ib 1272. herbadge Big 80r,
honor 7 r, hostadge 4 v homes ib. hondrabbe, honor, hereteira
Cast 1270. heretat Bagn 1251 home 1259. honor Auch
1259, herba Olor. homes, heretan Beyr 1256.
Weit häufiger ist es nicht geschrieben. erbo Bordères
1252, Beyr 1256. erba Bordeaux 1262, heres-ers S^te Cr 1246,
1275, erz 1258 eretz Auch 1256[1], erez, eretz ib auer Big
5r, Monts 1236, Sauve 1240, Cast 1256, Auch 1256[1] Arné
1260, aber Olor. habjo-ei Cast 1270, Tarbes 1285. e Auch
1256[1], Tarbes 1285 habet-a Big 1v, L d'Or fo 24 auem
Bagn 1260, Auch 1259, abetz Descort. an Big 8r L d'Or
24v. habitu-auid Gab 1268. ost Big 1v, Bagn 1251, Cast
1270, Olor. heribergare-abergar wovon abergue Bagn 1251.
albergar Big 7 r allbergada Auch 1256[1] aubergade Cast
1270. Beispiele aus späterer Zeit: dehora-d'ore Fond. 1278.
l'hore ib 224 hores Serm. p. 7. halitu-halet Imitat. l'halet
(V de Bàt.) von hermis: ermous (D'Astr.) herms (V de Bàt.)
heretatye Fond. 2356 eretat (Salettes). hostja-houstie (Catech.)
ostio (D'Astr.) humida-umide (Jasm.) humile-humble
(A de Sal.) hospitale-l'ostau (dénom., Bar. bé.,) hortu-hort
(N. Past) ort (Hist. s^te) l'hort (Prov. bé.)
Zuweilen wird h geschrieben in Worten, in denen es
weder ethymologisch berechtigt, noch gesprochen wird so
olju-holi S^te Cr 1290 aber oli (Hist. s^te, A de Sal., Fond.
73 v 81.) obedientja-hobedience (Gast. Phoebus.) aubedience
(G de Bat.) aubedi (Fond. 2013.) unu-hun, aut-ho, ibi-hy
und y Arch. de Bas-Pyr 1480. E. 359. Lespy Gr. bè.
bemerkt hierzu: h muette était employée comme lettre
parasite: hon où, hobedient, here-elle, hère-était, baronihe-
baronnie, toho-tour, hobrir-ouvrir. § 181.
Über h, das für f eingetreten ist vergl. f.

Nasale.
Der labiale Nasal m.
Im Anlaut erhalten:
manu-ma Big 15v Olor maa Big 6v, 15v, Bagn 1251,

man S^{te} Cr 1235, St Mich. 1236, L d'Or 30 r 12. Jhdt. Bay 1247. martellu-marted Sordes p. 68,91, maritu-marid L d'Or fo 66, 1265, Cast 1270, Bordères 1272, medicu-medge Big 1 v, melhurar Bagn 1251. minatas-miadas Olor. moltone-molto Big 3 r, moton St J. du M. fo 1 r Big 9 v. moventes-mouentz Bagn 1260[1], moltu-mout Descort. pl. moutz L d'Or 30 v, moltz Pau 1270. mutu-mud Gab. 1268, muru-mur Ste Eul 1243, murellu-muret Sauve fo 101.

Beispiele aus späterer Zeit: muso (D'Astr. 89), malhabitu-malaus 111, mort 115, merbelhos 132, mau 133, monte-mount ib. mentit, moubementz malhurous, muralhes (Serm.) maa Fond. 731, maxère 831, marit 325, mees 566, mercés 1561, magistru-meste 668, minatjae-miasse 2207, mount 1591, mourt 2366, muda 690. mas, mynyabi, mau, mountanhes, malhurous, meritatz, maysou, moutous, mesela, mounde (Desp.) mourt, moutous, mielhes, malaudes, mete, mar (Nav.) Margalidet, Margot, maugrat, marcat (Hatoulet).

m und b wechseln in miroun und biroun (environ), miroun Fond. 1236, biroun ib 1847, in bam und mam, bam Nav. mam Peyret.

2. Im Inlaut a) intervokal ist m geblieben. clamabat-clamaua Monts 1179, clamor Beyr 1256, Olor., amat Beyr 1256, amad Morl 9 v, amic Big 16 r, Auch 1256[2], amor S^{te} Cr 1238. prumer L d'Or 1259, Bagn 1260, prumeir Cast 1270, prumera Gab 1268, Big 4 v. primizie Monts 1179, femeiar Sordes p. 138, femada Big 28 v, estrument S^{te} Cr 1290, hemina Léz fo 75 v 12. Jhdt. Domenicu-Domec Big 3 r, Sord. p. 151, 1170.

Aus späterer Zeit plumo D'Astr. 132, elomens 131, memorio 71 coustumo ib, madamayselo, prumè 75 familho 80, amourousa 82, prumero 88, amics e amigos 173. acoumoulat Fond. 2405, acoustumat 1523, tremoula 1201, brume 1092, camii 1025, exami 2404, gemit 2294, fromentu-roument 1489, humou 2138. tremoula, prumè, demanda (Serm.) bramant, noumade, amicxs, rama-arrame, amou (V. de Bat.) doumaa, amou (Desp.) rime, enemic (Nav.).

Tritt m in den Auslaut, so bleibt es erhalten, der vorhergehende Vokal wird nicht nasaliert. clamet-clam Olor. clam Bagn 1251, Soulo 1252, Auch 1256[1] Olor. ekstremu-estrom L d'Or fo 44, 1259. Bagn 1260[1] Bordères 1272. nom Auch 1256[1], Bagn 1260[1], Cast 1262. regelmässig in der 1. Pers. Pl. der Verba auem Bagn 1260[1] Auch 1259. abjamu-aiam Bagn 1251; agosem Auch 1258. uolem Auch 1259. compram L d'Or fo 66, 1265. dam Bagn 1251. Beispiele aus späterer Zeit: racemu-arrasim (Hist. s[te], Nav.) estrem (Hon. d'Arch., A de Sal) nom (Hist. s[te] D'Ast. 135. bienem, tournem Serm 7 haram, siam, diseram, haberam, seram 8. defendem (Nav.)

b) m nach Konsonant erhalten. german S[te] Cr 1252. ferma Sauve 1240, Cast 1256, fermo Auch 1259. fermar Léz 1189. fermada Big 13 v. arme Olor. maritima-maredme L d'Or 12. Jhdt. maredma Cast 1270. septimana-setmana Luz 1236. proximare-prosmar Olor.; ferm Bagn 1251, L d'Or fo 47. Cast 1270. olmu-olm Big 18 v. Aus späterer Zeit armado, armo D'Astr. p. 37, gendarmo 38, turmens 136, alarmo 52, permet 65, marmito 172, bermou 174, armade Fond. 1884 conforme, reformo 1959. Erasme 1207 blasme 1208, cresme 81, coaresme 74, batesme 82, termina 282, Sermou (Serm.) turment (Desp.) blasma (A de Sal.) septimana-semmane (Nav.) coaresme, prosmar (Bar. bé.) herme-herm (V. de Bat.) ferm (A de Sal) olmu-oum (Lamotère) om (Fond. 2328 für oum)

mm. mm vereinfacht sich zu m: somma-soume (Art. en Bé. Cont pop.) flamma-flamn (Hist. s[te]) flame (N. Past.) eslamas (A de Sal. 29) estameyant (Imitat). Im Auslaut eslam (Imitat) summu-soum (Imitat.) som (Bar. bé) ebenda auch somps geschrieben.

m vor Kons.

1) m + Liquid.

Als Uebergangslaut vom labialen Nasal zum Oral schob sich der labiale Oral, stimmhaftes b ein. camera-cambro Big 4 v, remembranso Bay 1247 remembransa Sauve fo 330. — Nicht eingedrungen ist b in semlance Bagn 1260[2] Big 4 v samlare Bagn 1260[2]. Beispiele aus späterer Zeit: sembla (Fond. 1271, 1697. E. Vign.) semblant (Hist. s^{te}) semblable D'Astr. 285. noumbrc (D'Astr. 298.) noumbra (Lamolère) memorare-moumbra (Bar bè., Hist. s^{tel}, Fond. 1571.) trem(o)lare-trembla (Serm 9).

2. m + Labial. m geblieben aber n gesprochen, wie die öftere Schreibung von n für m und die heutige Aussprache zeigt Lespy Gr. bé. § 97. „M se prononce comme n devant les labiales b, p: coumbent, coumbit, embia, emplea, emplia, impoussible.“ Beispiele: camp Léz 1230, St Gaud. 1248, campir L d'Or fo 51, 1258; ample St Mich. 1236. emparedor Cast 1256. emparar Auch 1256[1] amparar Bagn 1251. emparat-empara Big 15 v. empero Beyr 1256. comprar Olor. davon compra Léz 1232, L d'Or 24 v, comprad Big 6 r daneben conpra ib. enparador Feuill 1237. conpra la Réole 1127. conplir Big 4 v, Cast. 1256. enpenhar St M. 1236. enpeigna Bay 1247. enpeaiad Beyr 1256. Aus neuerer Zeit: tempesto D'Astr. 51 coumbara 13 v, empourtuno 78. simples, eychimples 83, coumprene 50, roumpera, poumpo, troumpo 291. temps, proumpt, trempes, coumpanhie (Serm.) coumpli Fond. 143, coumpari 1141, coumplase 1681, coumpletes 2067. emplega 1320, redemptin 44. campanê 2278. campane 2273. cambia (Desp.) ambrado (Peyr.) ambe (Arch.).

m + Dental. In der Aussprache wurde m zu n, wenn m auch meist in der Schrift erhalten. In Big 4 v finden wir comtessa, contessa, conptessa, compte nebeneinander, gesprochen wurde wohl n. Obschon man heute noch coumte, bescoumte schreibt, wird doch nur counte, bescounte gesprochen. Vergl. Lespy Gr. bé. § 97. · Beispiele: betz-comte Big 7 r, comtessa Big 4 v. Orth. 1246. comtad Bordères 1252; contessa Big 4 v, besconte, bescunte Soule 1252; conde, besconde Olor. Vor flex s fiel der Dental: coms Big 4 v, Monts 1236, bescoms Soule 1252, vescoms Sauvet 1258, Olor.

Aus späterer Zeit: computu-conte Hist. s⁰ computarju-
counté Fond v 72. comite-comte (D'Astr. 82.) semitarju-
sendè (Fond. 270.) sendès o senderous (Cont bè).

m + n hat sich verschiedon entwickelt, es ist geblieben in femna Monts 1235, mit eingeschobenem p in
fempna Monts 1236 fempno Bgn 1251, dampnadgo ib,
Auch 1259, es wurdo 'zu m in damnu-dam Auch C. n.
XV. 11. Jhdt., Bagn 1260 ¹; femma Auch 1259, Bagn 1260 ¹
zu n in damnu-daun Big 17 r, Orth 1246, Tarbes 1285,
Olor, dan Soulo 1252, Olor; domina-dauna Big 1 r, Desc.
12. Jhdt. § 1 Gaud 1248. dauno Auch 1256, Bagn 1260 ¹
dona Cast 1262, S¹⁰ Cr 1292, done Boyr 1256. na Lez 1189,
ne L d'Or 24 r Big S¹⁰ Cr 1235. damnare-daunar Bagn 1260 ²,
dominu-don Big 1 r, L d'Or 30 r, Sord. p. 25, Arno 1260,
on Léz 1189 donna Sord. p. 50. dann Olor. Heute zu m
in nominaro-nouma Fond. v. 813. coustume Lespy. oder
geblieben in: damna (D'Astr. 293, Serm.) damnat (Fond. 442)
damnadge (2439.) hemne (N. Past.) — Garouno (V de Bat.).

Der nasale Dental n.

1. Im Anlaut ist n geblieben: natale-nadau Big 13.
Jhdt. Bay 1247, nadal Big, S¹ J. du M. Monts 1235. novu-
nau Big 3 r, Sord. p. 22, Cast. 1270. Pau 1270. naua
Mas d'Azil 1170, S¹ J. du M. fo 16. 11. Jhdt., Simorre
fo 282, Big 9 v. nepote-nebot L d'Or 30 r, nebotz Cast.
1270, nebod Bagn 1251, nebog Monts 1235, neboda ib;
negat-nega Olor. naskere-neixer Bagn 1260 ¹, nocte-neit
Big 16 v, Bagn 1251, nut Olor, nuit Bagn 1251. nobla
Cast. 1256. nocarju-noger, Sord. q. 137. nokere-nozer
Boyr 1256, Bagn 1260 ¹, nutrire-nuirir Cast. 1270. —

Novella-nabère, nutrire-neuri Serm. nasu-nas Fond.
410. nascere-nacho 500 (f. naxo) nadau 550. negre 1086
noudat 1173, nud 1405 novellu-nabet 1310, nove-nau 1404
nouyri D'Astr. 99, nadau 105. nat 91, nas 136, noste 143,
nou, nade, negat Desp. nouste, noumbrous, nous, noeyt
(Nav.).

2. Im Inlaut a) intervokal.

Intervokales n ist im Gaskognischen geschwunden ausser im Dialekt v. Gironde, wo sich n erhalten hat. Heute ist durch den Einfluss der Schriftsprache n in viele Worte wieder eingedrungen, in denen es früher fehlte. Beispiele für den Ausfall von n finden sich bereits im 11. Jhdt. caminata-camiade S\(^t\)J. du M. fo 27. 11. Jhdt. doat fo 32 v. hemina-emia Bonef. 12. Jhdt. Castanetu-Castahied 11. Jhdt. abieder Auch 1256\(^1\) abiedor ib 1259 determiade 1256\(^1\) januarju-gier 1257. — Domenicu-Domece Big fo 3 r, gallinas-garias fo 5, aueranetu-aueraed — et 8 r, venire-bier, camiar, forquiadors fo 18 v, fenestra-friestre; abieder 31 r vicinale-beziau 31 v, 1258, Bagn 1251 und 1260\(^2\) bezial, bier, abieder Bagn 1251, abider 1260\(^1\), abier, beziaument 1260\(^2\) abiedor Maub 1257, abiedes Arné 1260, habieder Tarbes 1285. donativu-dooatiu Bagn 1260\(^1\), minare-miar, amiar Olor, denarju-dier ib doatiu, lairoici ib. Salinas-Salies, Doat Morl 11. Jhdt. camiade L d'Or fo 9 r, tienceriis ib 12. Jhdt. moliar 1189. molier f. 44, 1256, molicire fo 44, 1259. auier ib; cascue, auieder, auiedeire fo 47, 1261. molier Sord. p. 51 fontanello-fontaere, camiade Sord. p. 118. denarju-dier Beyr 1256. hemina-emia Léz fo 75. 12. Jhdt. tenere-tier Cast. 1270. Beispiele aus späterer Zeit: lunalue (Fond. v. 1296, Seygnor, Prov. bé, Peyret, Cordier) luo (D'Astr. 107). lunaticu-luce (Fond. 765. Vign.) carbonata-carboade (Fond. 1108, Nav.) carboè (Dictons) carboère (A de Sal.), gallina-garie Fond. 236, 242, Peyret, Prov.) gario (D'Astr. 45), minatjae-miasse Fond. 2207, minatjare-miassa (v. 1646, Bar. bé) germinare-germia (Fond. v. 90), seminare-semia (v. 1100, d'Andichon). latrociniu-latronicju-layrouci D'Astr. p. 47.

Wie schon oben erwähnt, bleibt intervokales n erhalten im Dialekt von Gironde. Hier finden wir Formen wie Donad la Réole 1080, avenir S\(^{te}\) Cr 1248, auenidere 1258, abenidur avenidur, aveniduira 1290, venir 1271, caminada 1274, denariu-dener S\(^t\) Mich 1236. Ebenso heute.

Während das Feminium des unbestimmten Artikels

im allgemeinen uo lautet, lesen wir Parab. de l'Enf. Prod.
v 3 S¹ Vivien uno und v 10 von aminalis-amenatz für
amintz. Vergl. über den Ausfall des intervokalen n
Luchaire, Idiom. Pyr. p. 210 und Lespy § 134.
Tritt n nach Vokal in den Auslaut, so müssen wir
unterscheiden, ob n vor flex. s steht oder nicht und ge-
winnen hierdurch für die Sprache der Gaskogne drei
Einteilungspunkte.

1. n bleibt im Auslaut u. vor flex. s erhalten in:
S¹ Vivien, Lesparre, Libourne, la Réole, d. h. in der
Gironde, in Lavardac oder dem Arondissement Nerac, in
Mimizan oder Arond. Mont de Marsan, in Rieumes oder
der toulousinischen Gascogne (Arond. Muret).

Par. de l'Enf. Prod. v 1. Lavardae: soun ben, lous bens,
v 5. fin, pan, boun, v 4. tessouns v.
tessone.

ib   v 1. S¹ Vivien: soun ben, lous bens,
·v 5. fin, pan, moun, v 4. tessouns.

ib   v 1. Mimizan: soun ben, lous bens,
v 5. fin, pan, moun, meysoun.

ib   v 1. Rieumes: soun ben, les bens,
v 5. fin, pan, moun, mayzoun.

Anglet und la Bastide-Clairence (arond. de Bayonne)
bilden den Übergang zum Bearnischen, hier schwindet n
zuweilen im Auslaut und vor flex. s: v 1. soun beuy,
lous beuys, v 8. bitouns, v 5. maysou, pan.

2. n im Auslaut erhalten, vor flex. s geschwunden
in Masseube, dep de Gers v 1. soun ben, lous bes, v 3.
lous tessous, v 5. pan, maysoun; in Aspet und Aurignac
(arond. S¹ Gaudens) v 1. soun ben bes, v 3. tessous, v 5.
pan, moun, maysoun; in Mauléon de Barousse (arond.
Bagn de Big).

3. n ist geschwunden sowohl vor flex. s, als im Auslaut in Sauveterre und Arzcq (arond. Orthez) in Montaner
(arond. de Pau), in Arramitz, Accous, Bielle (arond.
d'Oloron), in Juillan (pleine de Tarbes), Aucun (arond.
d'Argelès), Campan, Gèdre, Aragnouet (arond. de Bagnères),

Oust und Sentein (arond. de St Girons), in Daumazan (arond. de Pamiers). — Sauveterre v 1. sou bee, lous bees, v 3. bitous, v 5. paa, maysou. Campan: v 1. sue bee, bes, v 5. maysou, pay etc. etc.

n ist erhalten im Auslaut und vor flex. s in Agen: exception, un, negun Cast 1256, excepcion, arazon 1262, ben, vin, camin, cascun, maizon, gardian, baron, cozin, restitution, fin, mon, saluation 1270. bons 1256, cascuns 1262, deguns 1270. In Bord. ben, S^{te} Cr 1237. jourdan ib 1235. cozin, decanu-dean ib 1243. german 1252, camin 1248, vin 1290, jardin 1291, ciptadan 1292, vestidon 1295. ben, dean, degan Ste Eul 1237. arradon Beychac 1236. ben, degun Sauve 1240, camin ib fo 330. 13. Jhdt. dean St Mich. 1236. certan Bord. 1262. bons S^{te} Cr 1234.

In Bay bezin L d'Or 24 v. 12. Jhdt. ciptadan fo 64, 1261, Bay 1272, Esteuen L d'Or 24 r, ancian 30 v, man 30 r Bay 1247. unu-hun fo 65, arrazon fo 67. maizon Bay 1247. diluns L d'Or 1259 uns 1265.

In Landes: baron, bendicion, dilection, negun, Marsan, Morlan, Beyr 1256. naison, caperan, stipulacion, excepcion, pension, razon Gab. 1268. fin Sordes p. 65 Morlans, Escalans Beyr 1256. bons Gab. 1268, doch us ib hiis (fin) Sordes p. 65.

n ist im Auslaut erhalten, vor flex. s geschwunden in: Arm. mason Auch C. n XV. Martin Auch 1256[1] ciutadan, caperan, arazon, remession ib. non, maison ib, remuneration 1258, camin, saluation, leon 1259 moton St J. du M. fo 1. bos Auch 1256[1], 1258. mas 1260, morlas 1256[2].

n ist geschwunden in: Béarn. bru Morl. 8 v XII s cami Soule 1252. roci ib Marti pelegri Morl. XII. Jhdt. orde Orthez 1246, mo, algu, pa, bezi, bezii, vi, ciutada, generativ, baros Olor. bielaa ib.

Big capera, Big 2 r, bezi 4 v, 1163 maso ib, maa 6 v, 15 v, 31 v, boo 4 r, 6 v, cosi, ma 15 v, doo 18 r, caperaa 31 v, molto, pa 7 r. vezi Esc. Dieu 1194. bo ib 1175. maa, molii paa Bagn 1251, nii ib, boo turoo 1260[1] maiso ib, escriua, bezii 1260² man ib, razo ib bo Arné 1260, capera, maiso ib, capera Bordères 1252, Maub. 1257. fee, Estefe, maisoo, arrazoo, arrademptioo Bordères 1272. boo Turbes 1273. mo ib acceptioo, caperaa 1281. arrazoo 1285. bezii ib, alcus Big 4v. fiis 8r baros Bagn 1251, bos, molis 1260¹, boos Tarbes 1285. Ariège. Sacrista Mas d'Azil 1097. plas 1150. Toul. bru Léz 1149, 1189. fi 1189. maiso 75v. no, mo Monts 1235, mo, maiso, bo 1236, plas Léz 75v. Daneben häufig noch in der Schrift erh. mason, fin Léz 1189, mason Monts 1179. don pelegrin 1235; non, orden 1236; don, derezesen Sᵗ Gaud. 1248. bons Monts 1179, bezins Léz 1143.

Nach Abfall des n wird der Vokal häufig verdoppelt, obwohl die Aussprache die des einfachen Vokals ist, so haben wir z. B. vezii, biclaa Olor., maa, boo Big 6 v maa, paa Bagn 1251 boo Tartes 1281 acceptioo, caperaa 1281. vesiis Fond. v. 19. Crestiaas Chans. bè. etc.

Obwohl man stets luo (von luna) schreibt, pflegt man doch dilhuus, diluus zu schreiben dilhuus sabatè.

Was die Aussprache anbetrifft, so ist zu bemerken, dass n nach a, e, i nie den vorhergehenden Vokal nasaliert, dass man also nie wie in den franz. Wörtern ban, bien, fin spricht, sondern wie z. B. in franz. faner, ennemi.

Eine Ausnahme macht der Dialekt des Landes, in welchem der Vokal vor n nasaliert wird. Luchaire sagt in seinem Buche „Les idiomes Pyrénéens" Seite 226 n dentale qui se prononce forte et détachée dans presque tout le domaine gascon, mais prend, chez le paysan landais, un son extrêmement nasal: pan prou, pagn et quelquefois même pangn. und 250 rechnet er als hauptsächliches Unterscheidungsmerkmal die Nasalisation, qui non-seulement maintient le n final, mais l'accentue encore en nh ou ñ, prononcé même souvent ngn hazan (phaisianus) hen (foenu) plenha von plen. Diese Nasalierung geht wohl auf die älteste Zeit zurück, denn wir finden Beyries 1256 neben Morlans: Morlangs geschrieben.

n nach Konsonanten und zwar nach Liquiden erhalten. gubernator-gouernadre S^te Cr. 1286. gubernatorem-gouernador ib 1298. exhibernatu-eissivernad Gab 1268. furnare-tornar Cast. 1270. turnat-torna Big 4 v und 15 r, turnant-tornan Soule 1252. turnabel-tornaue Bagn 1260[2] tornassa Big 4 r. turnasied-torner Sordes p. 30 und Lézat 286 v 1212. Arnaut L d'Or 1259. Aınau Beyr 1256. ear-nicerie Pau 1270. vom ahd skënôn verspotten escarnir von wo escarniron und escarnida Big 4 v. iornade ib 77. n auch erhalten, wenn es in den Auslaut tritt. djornu-jorn Cast 1262 iorn S^te Cr. 1238. turnu-torn Auch C. n. w. XV. XIs, Big 6 r. furnu-forn Big 2 v, St J. du Mont 1 v. XIs, La Réole 1179. carnem-carn Big 8 r. cornu-corn Big 2 r. Noch am Ende des 15. Jhdts. findet sich jorn in Un Baron bé. Heute ist n nach r im Auslaut in der Sprache gefallen, man schreibt zwar carn, corn, farnu-hourn, spricht n aber nicht. Daher schreibt Fondeville z. B. Minjaben toustem car, ches dejona jamees. v. 76.

Andere Wörter wie tour, jour werden fast immer ohne n geschrieben: Etz qu'èren toutz, a lur tour, coumbidatz E. Picot. Lous anjous deguens lou cóou Bous diran un jour, cum jou héon En la terro, boste prosîo. D'Astros 101. Lou bét jour de cap d'an ib p 192.

Nach Muta nur in gelehrten Worten. n wird zu r: timbanu-timbre (Hon. d'Archamb: Priviléges.)

c) n vor Konsonant.

1. vor Dental erhalten: Centullu-Centod Bagn 1251, cantor St Mich 1244, encontra Big 4 v St Eul 1243, en-contre Auch 1260, enconte Cast 1256, mentita-mentide Big 16 r, parentad Cast 1270, abentura Orth 1246, Olor, abenture Auch 1256[1], Bagn 1260[2], auentura Cast 1270, deffendedor ib, indevenire-endebier Bagn 1260, rotunda-redonda la Réole 1226/30, mandare-mandar und manar Bagn 1251, demandare-demanar S^te Cr 1234, domanar Gab 1268, Bordères 1272, sponda-espona Monts 1179. — de ab ante-dauan S^te Cr 1235, estatgan ib 1238, missecantan Gab

1268, clamabant-clamaun Simorre fo 330, 1132, habebant-
auion Léz fo 280, 1232, auen Sauve-Maj. 1240, Big 4 v,
L d'Or fo 44, 1259, aben Olor. — mondu-mon Big 14 r,
grando-gran ib 40, quando-quan ib 7 r, Monts 1236, can
Big 29 v, Arramon Sᵗᵒ Eul 1237, Aramon Sᵗʳ Cr 1234,
Ramon Auch 1256¹, Aremon Boyr 1256, Arremon Auch
C. n. XV. Jhdt. Morl 12. Jhdt. Bay 1282.
Beispiele aus neuerer Zeit: sponda-espoune (Lesp)
secondu-segoun Fond. v 1567, mandu-man ib 586, pre-
fondu-pregoun (N. Laborde, Prov. bé), menti, senti D'Astr.
234, cantabe, mountanhe (Desp.), d'argen Fond. 2225,
tantu-tan ib v 209. Weitere Beispiele unter d und t
nach n.

n auch erhalten vor s, das erst im Gaskognischen
sekundär entstand: securantja-soguranse Big 1251, concordansa Big 13 r, rememorantja-remembranse Bay 1247,
-remembransa Sauve fo 330, credence Bay 1247, Olor rete-
nense Bagn 1260¹,· presenze Auch 1256, conoichensa Cast
1262, tenence Sᵗᵒ Cr 1237², crdissensa Sᵗ Mich 1235, pietant-
jarju-pitansser Sᵗᵒ Cr 1248. Aus späteren Perioden: scienço,
couscienço D'Astr. 90, aubedienço 108, esperanço, Franço
72, diligenço, intelligenço 68, credence Fond. 17.
Vor lateinischen s ist n gefallen (schon im Volkslatein). Constabulus-Costaul La Réole 1180. mansionem-
maiso Léz 75 v. XII s, Monts 1236, Bagn 1260¹ Olor.
mason Monts 1179, Auch C. n. XV. XI s. Léz 1189.
Bagn 1251. maso Big 4 v. Sauve 1240. Arné 1260.
maison Gab. 1268. maizon Sauve 1240. Bay 1247. Auch
1256¹ maisoo Bordères 1272. mas Big 16 v. — prensu-
pres Big 16 r, Cast. 1270. prees Cloron. prise Tarbes
1285. imprehensu-emprees und empres Bagn 1260² trans-
mittere-trasmete Bagn 1251. trameto Soule 1252. trameton
L d'Or fo 45. 1259. tremes Cast. 1270. pensare-pesar
Big 15 v. accensatu-accissad L d'Or fo 65. 1265. mensem-
mes Monts 1236. Auch 1256¹, Cast. 1270. mees Beyr.
1256. Olor. mensura-mesura Monts 1236. — c Bagn 1251.
mezura Sᵗᵉ Croix 1292. instrumentu-estrument, Sᵗᵉ Cr 1290.

5

monstrare-mostrar Bagn 1260² Olor. d'ou mostra (monstrat) Monts 1179. mostras Soule 1252. mostrad Bagn 1251. (remonstratu-remostrat) demonstrat-demostre L d'Or fo 40. 1259. constringere-costrenher Cast. 1270. costretz Beyr. 1256. consilium-coselh Bordères 1252. Auch 1256. cosehl Auch 1259. cossel ib C. n. XVII. XI s. cosel, cozel Big 13 v. cosseil und cosseilh Bagn 1260², cosseil Soule 1252. cosseill Pau 1270. consiliarium-coselher Bagn 1260² consiliare-coselhar Big 4 v. cosselhedor Cast. 1270. consuetudinem-costume Big 4 v, Bagn 1260¹, Arné 1260. costuma, Monts 1236.

Selten ist n erhalten in gelehrten Worten: consilium conselh Olor. v constringere constreiz Auch 1258. dispensari-despensar d'ou despensa Big 8 r. despensad Cast. 1270. pensa ib und Sᵗᵉ Cr 70.

Aus späteren Perioden: remonstratu-remostrat béarn 1480. mensem-mees Baron béarn. XV s. mes D'Astros p. 194. conscientia-couscienco p. 90. mansionem-maysou (Lou pastou malhurous) prehensionem-prensionem-presou. Prov. bé.

n vor den labialen Explosivlauten wurde zu m, das noch heute in der Schrift als m erhalten nach Lespy Gr. bé. § 97. aber n gesprochen wird. Wie die Aussprache in früherer Zeit war, ist zweifelhaft, wir finden Big 4 v. enbadiment und embadiment durch wenige Zeilen getrennt und so wird die Aussprache ursprünglich m gewesen sein, daher die Schreibung m, bis durch gelehrten Einfluss n wieder eindrang.

in(de)per hoc-empero Beyr 1256. conventu-conbent Big 28 v, Sᵗᵉ Cr 1291. combent Sauve 1240 Bordères 1252. Auch 1256. combatre Big 15 v. envidja-embeie L d'Or fo 30. enbezent Big 13 r.

Heute: convitare-combida Fond 2326 conplere-coumpli 143 envidja-embeje 951. envolegare-emboulega (V de Bat.) envitare-embida (Imitat.) canebe (cl. canabe) cambe (Privil.)

Daneben Formen mit n der Aussprache gemäss, so

convenire-conbine für coumbine Fond. 1936. envira für
embira 1175.

n vor f gefallen: confratre-cofraire S^te Cr fo 2, 1269.
infernu-iher (Serm, Fond. v 48, N. Past., D'Astr. p. 7.)
enfante-ehant, ehans (D'Astr. 33) confondere-couhoune
(A de Sal.) cofrayrere (Dénombr.)

n vor Palatal behält den lateinischen Laut η und η̨:
longu-lonc S^te Cr 1258, long L d'Or 30. longa-lonca Big 8 r,
Auch C. n XX. 11. Jhdt. lonke Sordes p. 120. longaments
Beyr 1256. joncu-jonc Big 19 r onkwe-onc L d'Or 30 r, anc
Desc. 12. Jhdt., Sord. p. 111, Arné 1260. anglada Léz 1143,
1193. anglade Lucq 66 r, 12. Jhdt. — jounc (Hourcastr.)
lonc (Hist. s^te, Bar. bé) onkwe-hanc (Hist. s^te.)

n vor Mediopalatal wird mouilliert: longe-loenh A de Sal,
louing (f. louenh) D'Astr.

Über η̨g und η̨k vergl. Palatal v. Kons.

n vor m zu r in minimare-mermar (Livre rouge d'Ossau)
mermament (Lespy) mermèc, mermèco D'Astr.

Palatale.

1. Mediopalatale.

Der mediopalatale stimmhafte Verschlusslaut g.

Im Anlaut wurde der mediopalatale stimmhafte Verschlusslaut zum stimmhaften Quetschlaut dž. Das Zeichen
g ist meist geblieben

toul. Gilbertu-Gidbert, Giraldu-Girard Monts 1179,
ayen. Gervasju-Gerbaze Cast 1270, arm. germ(i)ne-germ
St J. du M. fo 19, bord. Girumna. Gironda la Réole 1087,
Gyrmont St Mich 1236, ginestarju-giestar Sauve fo 330,
germanu-german S^te Cr 1252, generau, generu-gendre Sta
Cr 1290. — Compar. v genitu-gensor Bord 1275, land.
v Agilja-Agiletta-Gelede, Gelete Sordes 119/120, ingenju-
gein Beyr 1256, bay. gener-gier L d'Or fo 66, 1265, gente-
gens ib 1259, béarn generatio Olor, generation Morl, big
geng Tarbes 1275, geing ib 1285, gènte-gentz Bagn 1251.

Im allgemeinen ist der Quetschlaut erhalten. Es

scheint aber, als wenn in der Gegend von Pau bereits
früh für lat. g: j eintrat, das in der Schrift als y erscheint,
die Aussprache ist die eines englischen y oder eines
deutschen j.

Das Dorf Gélos bei Pau, das immer Gélos geschrieben
wurde, wird in der Nachbarschaft stets Yelos gesprochen;
andere Ortschaften wie Ger, Gère, Geùs wurden früher
Yer, Yeres, Yeus geschrieben, also auch so gesprochen.
Daher wird gente-yentz (Lespy-Pau) yent (Desp-Accous)
gent (hingegen bei Hourc. — Navarreins bei Orthez) gens
(Fondeville 1923 — Lescar). yent (genitu oder gentile?)
genere-yendre (bei Hatoulet und Lespy) gentile-gentiu
(Fond. 681) gent (Hourc) yigot (v gig?) Cont bé. — gent
(D'Astr. p. 18) gendarmo (p. 8) geneco (ib) gerbo (ib)
geste (Jasmin) gemere-gimeto (ib).

Im Inlaut: a) intervokal. α) nach dem Ton entwickelt sich aus ge, gi durch je, ji epent i rei Monts
1236, Ste Cr 1235, St Mich 1236, rey Big 16 r, roi Soule
1252, Bay 1268, roi Bord. 1251, lei Sordes p. 112, Bagn
1251, 1260² Olor ley Big 4 v, Bagn 1251.

Rey (Henry IV. 1580, 1585) lou nouste rey (Fond.
v 1573, 1580), rey de Franço (D'Astr. p. 154). La ley
de graci (Fond. 1520), las leys (Nav.) la ley coumuno
D'Astr. 159, fugit-hoey (A de Sal.).

β) vor dem Ton hat sich g erhalten. In der Umgegend von Pau ist auch hier für g ein j (geschr. y) eingetreten. fagetu-faged Auch 1260, sagillu-saged Beyr 1256,
Auch 1256¹, saget Auch 1259², sagellare-sagerar davon
sageran Beyr 1256, sagerassem Bay 1282, sageradas Sauvet
1253, flagellu-flaget Big 7 v. Heute pagella-pagère (Fond.
Past.) pagellare-pagera (Hist Ste), fagetu-haget, fageta-
hagede (Lespy), legere-lege (Fond.) eslege (ib 2101) à la
hugido sagitta-sagete: la Sagete d'Aule = le pic d'Aule
regina (Bar. bé) regine (Arch. Fond.). Daneben findet
sich jetzt règne (N. Laborde), vagina-gayne (Arch. M.),
guayna (Hist. ste). Diese Formen sind auf die Schriftsprache zurückzuführen, denn auch vor betontem i blieb

g″ im Gaskognischen, wie in regino so auch in fugire-fugir (Fors bé, Hist. s^{tu} Fors de Navarra) fagina-hagine. Für fugire-fugi schon im 13. Jhdt. foege (Hist. s^{te}), hoege (1583 A de Sal).

cl. viginti hatte schon im vlt venti ergeben, ebenso digitu-ditu, daher binto Beyr 1256 did Bagn 1251. Die heutige Schreibung bingt, digt ist ethymologisierend, bingt z. B. D'Astr. p. 184. digt p. 14. bingt (Nav.), digt (Joubert), aber z. B. bintene (Fond. 1236), dits (432). Dass g nicht gesprochen ergiebt sich auch aus einem Reim bei D'Astros digts und apetits.

b) nach Konsonant α) vor dem Ton wurde g zum Quetschlaut, geschrieben g, in früherer Zeit auch z. Im Bearnischen auch hier zu j (geschr. y) entwickelt. argent Cast. 1270, Orth. 1242. borgese-borges Cast. 1270, L d'Or fo 44, 1259 borzes Soule 1252; borz, borzes, borzese Bagn 1251. Heute argen (Fond. 2225, Gassion, D'Astr. 120). bourgés, bourgeso Fond. 681. engenju-geng Tarbes 1285, geing ib 1281, gein Beyr 1256. Heute zingiberi gingibre (Privilèges) — aryent (Desp.).

In Bord, wo auch heute noch für z: d eintritt „argillarju-ardilé" findet sich schon 1251 bordes.

β) nach dem Ton in lat. Verbindung wird g nach η (geschr. n) zu j, welches den Nasal mouilliert und wohl ursprünglich ein ep. i vor n hervorgerufen hat, denn A de Salettes schreibt 1583 noch plaings und plangs, das i wurde also sicher nicht mehr gesprochen. longe-loenh (A de Sal.). jongere-jounhe (Nav.), fengere-fenhe. So schon in den Urkunden: atenhe Bagn 1260^2 attengit-atanh S^{tu}Cr 1290, aten Sordes p. 148. costrenher Cast. 1270. Hier ist die Mouillierung von den stammbetonten Formen eingedrungen.

Bei später Synkope ist g intervokal zu j geworden und mouilliert vorhergehendes l colligere-coelhe (Hist. s^{te}, Nav.) couilhe für coelhe Fond. 472. culhir (Contumes de Soule).

b. Der mediopalatale stimmlose Verschlusslaut k″.

Im Anlaut wurde k″ zu ts, geschrieben c.

Tonl. kelu-cel Léz 1232 arm. cel Auch 1259, kivita-danu-ciutadan ib 1256¹ kibato - ciuada Bonef 12. Jhdt. agen.-bord. kivitate-ciptat Ste Eul 1243, kentu-cent S^te Cr 1290, kiptadan ib 1292, kellarjarja-cerayria, kellarjarju-cerayrer ib certan Bord. 1275. bay kirmanaticu-cirmanadge L d'Or fo 19, 1188, ciptad fo 44, 1259; kircare-cercar fo 45, 1259, ciptadan fo 64, 1261, ciptat v ciptadan Bay 1272. bord. ciutad, ciutada, Centol, kensu ces Olor. big. ciuada Big 1r, cens 4r, ces 28v, censal 7r, ciutat 30r, Centod Bagn 1251, Centod ib, kelu-ceu 1260⁴, Bordères 1272, cel ib 1252, kivile ciuil Tarb. 1281.

Ebenso heute kessare-cessa (Prov. g) keppu-cep (Lamaysonette) kirkator-cercaire: Coumo dous pelerins cercaires (Jasmin) kiker-cese: N'abian que de ceses-bequits (ib) kintru-cintre: dabant l'ares al large cintre (ib). Deu centre a la circouferencio (D'Astr.) kivilisare-cibilisa ib. Certo (ib 184) kelu-céu: Louis es anat preue lou Ceu (p. 156) cerca mayado (ib 152) Mayom aqueste cementeri, Non pas de triste cypré tout blous (etc.) ib. Hé ta s'em ha cerca (Desp.). Ou l'iher, ou lou ceu (Nav.). La branque peu ceu embriade (V. de Bat.) Reyne deu ceu (ib) lous ceus e l'iher (Fond. 42) dab certitude 47. En la ciutat de Basle v. 1147, 1149. kerebellu-cerbet: Et lou cerbet au cap. 1181.

2. Im Inlaut. a intervokal. a vor dem Ton wurde k vor e zu z, geschrieben meist z, daneben s, heute nur s.

toul: vicinu-bezins Léz 1140. arm besi J. du M. 37r. XIs. dizer Auch 1259.

land. nozer, dozents Beyr. 1256. lezer Gab 1268.

bay bezin L d'Or 24v XIIs. béarn lezer, bezi, bezii. big bezi Big 4v, bezial ib 31v, vezi Esc. Dieu 1194. bezial Bagn 1251, beziau ib v 1260², dizer, nozer ib 1260¹, bezii, beziaument 1260², bezii Tarbes 1285.

Seit ca. 1300 wird s geschrieben avicellu - ausetz (Hist. s^te XIV.) jacere-jaser, placer 1480. plasent. per vous diser (Henri IV. 1585). Tu qui-t plases au caressa (Desp.). Coo leye, coo boulatye. Disé l'infourtunat (Pastou malhurous). De que parlatz? .... De plasés e d'amou (Peyret.). Que-b neuritz de l'arsenic dou plasé (Serm.). Lou bou plasé (bé). Tan qu'a Diu plasera Fond. Que secq touts lous plasees ib v 1057 (p. plasés). Atau lous huganauts n'abon pas lou lesee 2461. vicinu-besi, besin; vicina-besio, malo besio; besina, besinatge, besinaire, besiau, besinat. En te dise, Peyrot, sus la fe de moun armo (D'Astros p. 8.) Et nouts pot pas d'aquet plaso p. 44. dicemu-disèm, dicetisdisèts.

β nach dem Ton k tritt durch Abfall des auslautenden e oder i meist in den Auslaut und wird zu ts, geschrieben z, dz, tz, jetzt meist ts. (g) und tz (bé.)

arm, croce-crods Auch 1266. toul dicit-didz Monts 1179. agen. calice-calidz bord. crotz S¹ᵉ Cr 1237. patz ib 1235. pays ib 1237 croys ib, crois ib 1243, pais S¹ᵉ Eul 1237 beruhen auf franz. Einfluss. land: paz Soule 1252. béarn. crodz Sordes 1250. crotz, placet-platz Olor.

bay. jacet-jaz L d'Or 30 r, vice-bez ib fo 47, 1261. croz 1259.

big. crotz Big 19 r dicit-didz Bagn 1260² jazs Luz 1226.

Quin te portes, Curè? — A boste serbici; e bous, si-p platz, si nou souy pas trop curious. (Serm.) Moun Diu, si ditz Martii, nou sabi pas qu'èrc u pecat ib p. 11. et que-m disera d'ue boutz qui hara trembla etc. p. 9. ue fière boutz! Ah! la terrible boutz ib.

Dab sa terrible bouts (p. boutz) Diu lous abe parlats: Fond 2490. Et marida las vouts. v 160. luce-lutz Car lou die autemens la luts n'ey de sesou v 1034. quaque arradits y reste 1112 decem-detz P. de Viane 1480. vocem-votz A de Salettes. radice-arradiz ib. Pague-m d'abanso, ditz aqueste Cont. pop. Nou pas nou, ditz lou Naule ib. Decem-detz: De Bizanos dètz ou doutze (Chans. pop.) Pace-pats, cruce-crouts, nuce-nouts, perdice-perdits.

Perdounats-lou, sits plats, Mousseigne D'Astros p. 44.

b. nach Konsonant a) nach r und n wurde k" zu ts geschrieben c.

merkede-merce Big 4—5, Bagn 1260² mercer Morl 9 v, von France eine Weiterbildung, oder für unsern Dialekt auch von frankese-franzes Auch 1259. Jetzt merces, porkellu-pourcet, porkellarc-pourcero, pourcereto, exercici D'Astr. 49 Francihoun, francisakiu, francimantalho: Plaço à Peyrot, Francimantalho D'Astr. konkisjone-councisiu ib en lenyue francimande Fond. v 228.

b. nach l, das zu u geworden wurde c wie der stimmlose dentale Reibelaut gesprochen. Geschrieben ss und s. kalketarja-caussetario, calcino-caussèo, calcetu-caussie. Im Auslaut s geschrieben dolke-dous : dècho-me dous, falcefaus : Julhet La haus au pugnet. calce-caus : Roump lou cèdre a la caus (A de Sal.)

γ, dk" wurde zu dž geschrieben tz, geht dem d ein Kons. vorher nur Kons. z geschrieben dodecim-dotze Ste Cr 1292. heute doutge, doutze, tredge, tretze, sedecim setge, unze quatourze, quinze, Sens m'ana cerca mieydie a quatourze hores Serm p. 7.

2. Postpalatale.

1. postpalatales stimmhaftes g'.

Im Anlaut ist postpalatales g' erhalten, wenigstens findet sich in der Schrift nicht j dafür und nach Lespy Gram. béarn 104 wird g vor a wie im französischen gesprochen.

toul. Garaldu-Garauz Léz 75 v. Garcie ib 76 v Gaucelmu - Gaucelm ib 1232. clat. Garumna-vl. Garonna-Garona Ste Gaud. 1248.

agen Gaufridus-Gaufre Cast. 1270.

arm Garcia-Gassie St J. du M. fo 19. Garsia ib fo 19, 30 r, 32 v. Auch C. n. XV. Garsianer Auch XX Gasia Bonef 1224.

bord. Gaucelm la Réole 1198. Garsendis - Garsen S' Cr 1235.

land. Gassio Sordes 119/20.

bay. Garcic, Garciez, Garcielans? Big fo 30/31.

béarn. Garnariu-Garner Morl 5 v. Gassio 8 r Gabarn v. Gabaru Olor.

big. Garssia Big 1 r, gallina-garie 3 v, Gassio 15 v v. gala und brunu-Galubri ib. Galeatu-Galhad Bagn 1260².

Galaverna-galerno: No cregnits la galerno Ni lou vin de citerno. Ch. pop. bé. Von der Wurzel gar oder gas: gars: En mars Lou gars; En abrieu Lou caitéu. Prov. gabaru - gabe: Nou troubarè pas calhaus au Gabe (il ne voit plus loin que son nez). Lou laurè desempuich luseich au bord dòu Gabo (V. de Bataille) A gabe petit, tres arditz; à gabe gros, si ha besonh dus naules quoate arditz (bé). v gael. gaf. — gaho: La cautèro qu'ei grano, qu'en i a u gahot tai cadu Serm. p. 6. (La chaudière des douleurs est grande, il y en a une cuilleréo pour chacun) — Un cop, estan gojat, quo A-m gaha la crique Fond. v 138, gallina-garie: Quo quoan canten hasaas, que canten las garies v 236, gaudere-gaudi. Peuhx donc quo lou bonheur du Paradis consiste A gaudi solamens dequere soule bisto 940, v. gaha: gahanto: dissipi la gahanto fleumo D'Astros. v. gaudere-gaudinoment. Mès tu nou veses pas lou mau quo toun canta E toun gaudinoment pot pèr aci pourta ib. gadau (ga(u)dalis) Canten d'un cor gadau ib; Ets danson au brante gadau ib.

Prosthese in gausa v. ausare: gausaben accorda Fond. v 157.

2. g′ im Inlaut, a) intervokal.

Intervokales g′ hat sich im Gaskognischen erhalten. Wurde das folgende a zu e, so wird der g-Laut durch gu bezeichnet.

arm. artiga-artiga J. du M. XI s. béarn nega(t-nega Olor. plagatu-plagat ib.

big. artiga Big 37 r. plaga-plaga Bagn 1251. plaga(t-plage ib, plagat ib. gu geschrieben in plaga-plague Bagn 1260[2] und trotz des erhaltenen a in artigua Big 8 v. Von magan: exmagare-esmaga; negare-nega, negatibomen.

bragare-braga: Jamès plumo de pau nou brago Ta coumo on vei braga ma brago D'Astros. Pren lou moun pèr uo bèro bago Jou soun lou diamant qu'au mièi brago id. bragardoment, Diéu vous gouarde bragardoment. id. bragario: Vous dan uo santo bragario (id.) Mas flous, dignos bragarios De mous casaus e pradarios (id.) ligatura-ligaduro (bord.), ligadero (g), Lou qui hè brèus ou qu'es= counjuro, Lou qui hè nado ligaturo (id.), ligare-liga; ligasso, Petit mau, grand ligasso (Pr. g.) plaga: plague. Mes la plage aus merits eres que hen leca Fond. 790. ligare|-liga: Co qui tu ligaras ou desnodis sus terre Sera tabee nodat ou desligat au ceu ib 608/9. Lous huganauts ligats seran doncq de Sathan. ib v. 621. daga-dague: Et nouste rey Anthoni auside a cop de dage: Lou rey Frances debe ha-u la permere plage 1783/4. castigare-castiga. Qu'atau lou nouste rey lous castigue y lous casse v. 6. allegare-allcga: Las paraules qui tu deus huganauts allèg(u)es v. 851. wogen-vogare-bouga: Aquet brut, un tempsot, per aci bougara 1469. voga-bogue: La ley doncq deus Judius eds tornaben en voge v. 102. bagagium-bagatye, bagatello, bagatero. Lou plasé d'aima Ei dounc bagatello Despourrins. brigata-brigado D'Astros p. 52. Aqueros troupos brigandos ib 68.

b) nach Konsonant: g' ist erhalten:

arm. heribergata - aubergada Auch 1256[1] — agen: aubergade Cast. 1270.

Big. heribergare-abergar, abergue Bagn 1251. albergar Big 7 v. béarn: targa-targa Olor.

land: longamente-longaments Beyr. 1256.

targare-targa, rengatu-rengat, rengado; longa-loungo, loungos cambos; arengare (v. ahd kring)-arenga: Escauhuro tabé la longo Que, coum vo, puch après arengo D'Astros. targaro-targa: Disen qu'em se targan com bets rominagrobis, A chasque nom de sanct cantan ora pro nobis. Fond. 971/2. Margarita-Margalide Quoan Calvi de Bordeux, au temps de Margalide, A Neracq arriba, Merlii qu'abo per guide. Fond. 1539/40. Davou mirgalhaduro Au fort nèscio sa vesiaduro D'usa d'auto mirgalhaduro D'Astros. adrengare-arrenga: Entan lous Huganauts dehens la cathadralle, Arrengaben lous bancqs com dehens bere halle. Fond. v. 2296/7. mirgailla: Dejò la térro, caressado D'uo més urous'arrousado, Se ba mirgailla de coulous. D'Astros p. 3. longa-longo. Tu, tu que héts mounts é merbéillos, Sauf que dises mau à propaus Que'ous demouns an loungos aureillos, E que soun, coumo tu, courtaus. D'Astros.

2. Postpalatales stimmloses k'.

1. Im Anlaut ist postpalatales k' erhalten.

toul. capu-cap Léz 1189. carte Monts 1179, 1235. casal Léz 75v, 77 v 1143, Monts 1235. castellu-casted Léz 1189. castellaro-casterar ib XIIs caballariu-cauarer ib 1232, causa Monts 1235. camp Léz 76v 1230, S¹ Gaud 1248.

agen. cambiare-cambiar, cambioso Cast 1256. Castedgelos 1270. calice-calidz. camin, carretu-carredgs, capucabs, capitula, cassar, cascun ib.

arm. castel Sim. 1117. S¹ J. du M. 18. XIs caballucauad, in cauad dorso podio S¹ J. du M. 18. cassu ib 32, casale-casau Bonef. XIIs, villa que vocatur cazaux Sim. 372. caminata-caminde S¹ J. du M. 27, cadere-cazer casen Auch C. n XV. camiar Auch 1258 v, cambiare, cami ib, canonicu-canonie 1256¹, canonihe 1259. caperan 1256¹, casau 1259, caminu-camin ib, caballu-cauat 1259².

arièg. caballariu-çauarer Mas d'Azil XIs.

bord. casted Sauve fo 100 XIIs, camin ib fo 330, casterar la Réole 1080, cauad 1083. casted 1172. casau Sᵗᵉ Cr 1235, cata + unu — cadauns ib cadaus 1237, caperan 1237², carpenter 1243, camin 1248, cami 1258. caminada

1274. cassa 1290. cartolari 1291. calidaria-caudera Bord.
1275. cantor St M. 1244.

land. carreiu-carrei Sordes p. 28. casted 39. v. castanca-
castanehed ib, casal p. 1. casterar 51. caudera Gab 1268.
campana Sordes p. 146, camiade p. 118. cab Gab 1268,
carru-car, caperan v. carru-carreiar S. 119, 138, carrejeder
Gab 1268. calida-caute Sordes p. 137.

bay. carte Bay 1247. casterar L d'Or 12v, casted 21r,
1187 camiade 9r, cascuns fo 47, 1261 cambiar fo 51, 1257
campir fo 51, 1258 cartolari 1259, cadet-cad fo 65, 1265,
cadence ib.

béarn. caperan Orthez 1236, cavalaria ib casal Lucq
63v, 1114, Morlaas 8v XIIs carnicerie Pau 1270. carrera,
casso, caualgada Olor. caminu-cami Soule 1252.

big. catare-carar Big 1v. castel ib caualgada ib, casal,
caual 1r, cap 2v, 6r, 16r, capera 2r, casa 3v, casted 3r,
6r, castet 14v, carta, cascuna 4v, cauad 7v, cane-can 7r,
19v; cauares 8r, carrei, caminare-camiar, carru-car, carne-
carn ib casterar 9v, cada 9r, caualer 16r, causa 30r, caperaa
31r; capera Bordères 1252, Maub 1257, Arné 1260, cada,
carte Arné 1260, carrere, capdal, cadene, cambiare, canna-
cane Bagn 1251, casau 1260¹, capu novu-capnau 1260²,
canonic Tarb. 1281, caperaa 1285.

Capere-cabe: En un lièit ount cabon plan. (D'Astros.)·
Cap en ta petit loc (ib) capu-cap: estrêo de cap d'an (ib)
Diéu esta la cap-dauanto e la principau. (ib) cap-d'obro
(ib) cap d'an, é cap de mes. é més cap de semmano. cantu-
cant, cantare-canta:

Atau pres de sa fin, tout blanc, cato lou cigne,
Ê deou Meandre dous hé retrouni lou bord.
Más soun cant meloudious es l'assegurat signe
Qu'et es à l'ouro de sa mort. ib.

Casale-casau-Ni peou casau, ni per la bigno (ib) calcea-
causso: Duraran pas toujour, Moussu, las caussos roujos
Ch. pop. gasc. La moulbè nou t'aie la causso. (Prov. bé.)
cautione-cauciou, cauciéu. Qui entro cauciou Entro pagadou

(Prov. bé.) Calidu-caut. Cauterés n. d. l. Digats-me, paloumetos, Fui ò i a Cauterés? — Lou rèi e la reineto S'i baguon dab nous tres. (Ch. pop. bé.) Qui casso lou can Casso Bertrand Prov. Gasc. Lous cas hèn cas I lous gats hèn gats (Prov. bé.) v cano-ca: cagno, cagnot Ren nou semblo melhou qu'un cagnot uno cagno (Delprat) cagotu-cagot: Déu péu rouye o déu cagot Saube qui pot. — Au cagot la gautèro-Bragant mai qu'un cagot nou brago en hèsto annau. (Prov. bé.) καλάνδρα calandra-calandro calandreto: Mèi qui sera lou messatge? La calandreto ou l'esparbé, La calandreto ci cap léugò (Ch. pop. bé.) camisia-camiso. Hilho do bouno maisou A la camiso mai loungo quo lou coulilhou (Prov. Gasc.) Quaucarè bo i a Qouand la camiso au cuou s'esta. (Prov. bé.) Candelariu-Candelè, candelaria-candèlero. Nosto-Damo la Candelèro Tiro las auelhosde la retèro. (Pr.) Cannella-cancro davon cancriéu. Abriéu Cancriéu (Pr. Gasc.) Quand la gruo va cap-sus, Tout l'ivèr avèn dessus; Quand la gruo va cap-bat, Tout l'ivèr avèn passat. casale-casau: Vau mai casau Que journau (Prov. Gasc.) castellu-castet. A Cartèt-bou Tout es bou. Pr. bé. cartauca-cartagno. Lou boun Diéu castagnos da A qui nou las sap pela. (Pr. bé.) cantatore-cantadou: Lou rèi déus cantadous (Navarrot) cassonata-cassenado: Fourests, retirats-vous, dam vostros cassenados Delprat. Cambia, bee potz cambia do serbidou (Despourrins) Tu qu-t plasès au caressa (ib).

Findet sich statt c ch, so sind die Wörter eingedrungen wio chapeu: y dab larges chapeux Fond. v. 1153. oder chapello vom gleichen Stamm. E uo grand chapello Que noun muchauo arré queu nas D'Astros.

2. Im Inlaut a) intervokal. k' wurde zu g. Wenn das folgende a zu o wurde, schreibt man meist qu, seltener gu.

agen precante-pregant Cast. 1270. pacare-pagar ib, pagad ib 1256. arm. pregarie Auch 1259, apagad ib 1260. — bord. verruca-Borruga La Réole 1198. decanu-degan Ste Eul. 1287. — land [bisacuta-beseguda

Gab. 1268] nucariu-noger Sordes p. 137. secare-segar ib p. 138.

bay. precant-pregan Bay 1282. — béarn. precat-prega Soule 1252. pacare-pagar Orthez 1246. locare - logar, vicariu-beguer, Olor — big. focacia-fogasse Big. 1 v, pregar 4 r, pregaria ib, nucareta nogareda 7 r, segador 8 r, pagar Bagn 1251.

jogar, pagar Moeurs bé 1337, pregam 1480, necatuneguat, precat-prega, pagan Baron bé. applicare-aplega: Margalidet, poumpouse e bère, Que s'aplegabe deu marcat. Hatoulet. precare-prega: Apres s'esta drin heyt prèga, L'Ossalees doucementz que se-b boute a siula. Picot. prega, implicare-emplega: Et que quoan per lous obs lous bouleram prega, Pres de Diu se poiran per nous, auts emplega Fond. Calv. v. 1001/2. Loing dequi, bet tempsot, enta l'aute s'aplegue, On per ha d'autes maux sas finesses emplegue ib 1319/20. pacare-paga. — Per so que nat pintou jou nou bouli paga Fond. Past. Lou tambouri pagat d'abance, Daune que da plaa mechant sou Navarrot. Lou segnou salutari A audit la pregari De mi soun serbidou Salettes. [Anan fa la pregàrio e nous joucan al liech Peyrot] Digos aro ount es la pregàrio Déu crestian la mès salutàrio D'Astros. Ero a per bous pagat lon piatge Dab soun armo au Rey eternau ib p. 75. Dux dexés soun toun pagoment p. 116. impedicareempetega: Ount la naturo s'empetego Dem pintra, dem embernissa. — manica-manego: Dementre que lou bouè carpento uo manego.

b. k' nach Kons. α) kk. kk vereinfachte sich zu k, ohne zum Quetschlaut zu werden. toul. peccatu-pecaips S¹ Gaud 1248. tocar M. 1236 agen vacca-baqua Cast. 1270, tocad Cast. 1256.

arm. tocad Auch 1256. bord. baque Bord. 1275. toquar S^to Cr. 1290. bay. pecar L d'Or fo 30 r. béarn. baca Olor. big baca Big 3 r, g. stekkan-estacar Big 15 v. tocaram Tarbes 1285.

kk in der Schrift erhalten in peccahs Auch 1256[1]
und Bordères 1272.

Aus dem Gemein-Provenzalischen eingedrungen ist
tochad Sauvet 1253.

Auch in der Neuzeit hat sich das Gaskognische,
ebenso wie die langedoc'schen Dialekte, vom franz. Einfluss frei gehalten: vacca-baco: prene la baco dam lou
brau. von soccu, socca-soucas (grosse souche) Aquo's
cauque peguin, aquo' sauquo soucas Ses sen, ses sentiment,
coumo bét arroucas D'Astros p. 7. staccare-estaca, esta-
cado ib p. 88. peccare-peca 91. Las baques qui lou Rey
He da, hens lou Béarn, en gasailhe a jamei Fond. Calv.
1425/6. floccare-flouca: Apres lou he flouqua l'espalle d'un
he caut. ib v 1441. toccare-touca: Tau lettre be debe lou
co deu rey toca Et contre lou Norman son courrous aluca
ib 1621/2 got. likkôn-leca.

buccaria-bouchario D'Astros p. 128 frmdwtl.

β Nach s ist k' erhalten. Siehe unter s.

γ) k' nach Kons. 1) C + k' standen schon im Latein
zusammen, in diesem Falle ist k erhalten. toul. blanca-
Blanca S¹ Gaud. 1248. bord. francament Feuill 1237.
bay. franque L d'Or fo 24 v franquemens ib fo 30 r.
béarn franca Olor.

big conca-conca Big 3 v conce 7 v conque Bagn 1251;
franca Big 18 r franquemenz Tarbes 1285.

land arca-arca Gab 1268. big furca-forca Big 7 v
porcariu-porquer ib 8 r, marcad Bagn 1251. circare-cercar
L d'Or fo 45, 1259.

Heute carcanu-carcan : Brassalets, cintos e carcans
D'Astros. arca-arco : Passon la nèit Dessus uo grano arco-
de-lièit ib furca-hourco(g) hourque(b). porcaria-pourquerio(g)
marca-marca : Peire de Marca (né près de Pau, 1594
bis 1662, auteur d'une Histoire de Béarn).

Marcabrun (troubadour gasc.) Lou Marcadièu à Tarbes;
lou cami marcadièu Béarn. mercat.(g) circabat-serquave
bé 1414. Ou dilhèu la boulatye Hè ta s'em ha cerca Desp.

2. Traten Kons. und k' secundär zusammen, so wurde

k′ stimmhaft. arièg fil(i)care-Falgar Mas d'Azil 1124.
bay. fabr(i)ca-faurgue L d'Or 1235 imbarr(i)cata-embargaz.
1259. porge L. 1258 fargue Bay 1282 bé. fabrica-forga
Morl. 7 r. big forgua Big 1 v faurgua 2 r, forga 4 v; folgar
6 r estaticante-estatgant Bagn 1251. dominicatura-domen-
gedura Big 17 v. imbarricata-embargade 4 v discarricare-
descargaa Bagn 1260 ¹ jud(i)care-judgar ib 1251. bord
falgar La Réole 1137. desembargar, estatgan S^te Cr. 1238.
portica-porge St Mich. 1236.
Masticatura-mascaduro : Un bet quilhou de pa sens
cap de mescaduro Vignancour.

Die Velaren.
g.

1. Im Anlaut. Das stimmhafte velare g ist im Anlaut erhalten. Beispiele nur vereinzelt:

bord. gubernator-gouernadre S^te Cr. 1286, gubernatore-
gouernador ib 1292.

big. gorga-gorga Big 7 v, 8 r.

gurges, gorgia-goryo (b). basc. gorria-gorro: Lou ser-
vichèn, sès auto finto, De gorros, de charpo e de cinto
D'Astros. gothus-got, Got noble famille de Gascogne
(Bertrand de Got, archevêque de Bordeaux, premier pape
d'Avignon sous le nom de Clément V). golfus-goufre (g)
lou goufre de Gascougno. gutturosu-guiterous: aulho
guiteroso (brébis cachectique). gula-gulo, gulaticu-gou-
latge: Si vous èts gras e qu'aiats bèt goulatge (N. Past.
Bé.). gumariu-goumèr.: Poumpouso coum la capèro de
Goumèr. (Prov. Bé). gunna-gouno: Vous sirats toutjour
amantat. De la soutano ou de la gouno (D'Astros) gurges,
gurges, gurga-gourgo, gourgueia: Roussignol qui gourgueies
Près d'aquet arribet (Hatoulet). Von gutta-gutticare-
goutejax (g) gouteia (bé) Voste nas que de fret goutejo
(D'Astros); godetu-goutet: Bebiam bèt goutet (Noël bé)
Entre la soupe e lou coulet Cau béure un bèu goutet.
(Prov.) gouttelette: Sès trouba d'aigo un soul geutet

D'Astr. goubernum-gouber: Atau, daban lou ducq nou parti pas en Franco Deu gouber de Bearn lou iecha la puchance Et tabee de son hilh. Fond. Calv. v. 1671/3 chausit goubernur ib v. 1666. Moussu d'Espernoun, Goubernur deou pays D'Astros p. 6.

2. im Inlaut. a) intervokal. Soweit sich aus den wenigen Beispielen ersehen lässt, ist der stimmhafte Palatal vor o und u vor dem Ton erhalten, nach dem Ton kein Beispiel: vigorosu-Vigoros Cast 1270. agusta-agost Big 7 r. dagegen aost ib 7 v. auost L d'Or fo 65. 1261. Heute bigourous, aber aout, daneben agout. Vigore-bigou — Que l'aige dab bigou sus lous arrodets cat. Fond. C. v. 1482.

Trat g in den Auslaut, so scheint es stimmhaft geworden zu sein; man findet jedoch fagu-fag Olor, heute hac, Ugo-Uc. In Bear findet man neben hac die Form hau.

b) nach Kons. g nach Kons. geblieben. ahd. urguoli-orgulh Bagn 1251: Et es dit feyt d'orgulb, qui fé plaga o trey arma debedado en carrera aforada déu senhor Fors et Cout de Bé ourgulh (g).

Trat g nach Kons. in den Auslaut, ist die palatale Aussprache erhalten, doch wird neben g häufig c geschrieben: burgu-borg Big 1 r Bagn 1251. Tarbes 1285. longu-long L d'Or 30 v doch lonc S^te Cr. 1258 f 2. Heute bourg, loung aber largu-larc.

k.

1. Im Anlaut. Das stimmlose velare k ist im Anlaut erhalten toul. kommandator-comanair Monts 1179, kommandatore-comanador ib 1235. comanie ib 1179 conoguda 1235, comes-coms 1236, compania-compain Léz 1189 compra ib 1232, cunde St Gaud 1248.

agen colte Cast 1256, komitate-contad, couplir ib, conogud, complidor, complidamentz, compra, comprat 1252 comanament, complidament, contengut cosselhedar 1270 arm. correga Bonef. 12. Jhdt. korbu-corb St J. du M. 30 r 12. Jhdt. konsilju-cossel Auch C. n. XV coselh Auch 1259. arièg. corde-cor Masd' Azil 11. Jhdt. bord. Konstabulu-

82

Costaul la Réole 1180. compra 1227 kupra-cobre Bord 1275,
curadre Sᵗ Cr. 1286. land. condad, compre konstrectu-cos-
tretz Beyr 1256 kornu-cor Sord p. 55 kupa-cuba Gab 1268.
bay. compra L d'Or fo 24 v. cubert fo 51. 1258 bé. comtessa, coite Orth 1246, cort Soule 1252 cosseil Pau 1270
comprar coltu-cootz corpus-cors Olor. big condal Big 1 r,
coms, compte, conptessa, comtessa, contessa Big 4 v conbida
16 r conbent 28 v combent Bordères 1252 konfermamu-coo-
fermam Bagn 1260¹ condad Tarb. 1281.
Beispiele aus späterer Zeit: Cor-coo coo de tigresse
(Desp.) coo (Fond. 63.) kolore-coulou (D'Astr. Fond. 2377)
kolumbe-couloum: Qùalas portassi com lo colom (A de Sal.)
colomba couloume: Qui-m dara ales, coum a la couloumbe
(Imit.) Pourtant l'arramele a l'arche, la couioume (V. de
Bal.) cogitare-cuta: Tau se cuta un aute aus las prene,
Qui s' pren (Chans. protest.) cura-cure: ed aura cure (A de
Sal.) convicinu-coumbesii: Lous loxs coumbesiis (V. de Bat.)
corona-couroune: Rey, sens habé la couroune (Prov.).
2. im Inlaut a) intervokal. Der stimmlose Velar
wurde vor dem Ton stimmhaft: arm sekuru-segur Auch
1257 agen nekunu-negun Cast 1256 sekondu-segont ib 1256
und 1270. bord. akutu-agud la Réole 1126, segont Sᵗᵘ Cr.
1237, negun Sᵗ Mich. 1236. land. bisakutu-beseguda Gab
1268 segont ib bay nekuna-negua L d'Or fo 47, 1261. bé.
akukularju-aguler Morl 5 v. 12. Jhdt. segur, segurtat,
asegura Soule 1252 segon Olor. bey. segur Big 4 v,
negun 14 r, segunde, segurat, seguranse Bagn 1251 negun
1260² segur Tarbes 1275, 1281.
Jetzt. sekundu-segoun: Henricq segon Fond v. 1567.
sekondu (praep.) — segoun Fond. 2220. sekura-segure v.
508. v agere-agutu-agut: lous permes parescon plus aguts
v 2458. Plaa segu Serm p. 12. biscam segus (D'Astr. p. 4.)
Nach dem Ton tritt der stimmlose Volar in den Auslaut und bleibt stimmlos. In früherer Zeit wurde für c
auch g geschrieben, die Aussprache war sicher gleich, ob
c oder g geschrieben, denn wir finden z. B. Domenicu-
Domec Big 3 r, Sordes p 151, 1170 und ebenda Domeeg.

Beispiele toul: Lodovicu-Ledovic Monts 1236 loku-log ib 1235 arm amic, public Auch 1256. agen loc Cast 1262, log ib 1270, bord foku-foc S¹ᵉ Cr 1238 public ib 1291, land. Coc Soïdes p. 111 kreaku-creag ib 96 bay riku-arric L d'Or 30 r log ib Henriku Andric fo 59, viku-big ib 12. Jhdt. focu-fug fo 51. bé. enemie, public Olor log Pau 1270. big vicu-bic Big 8 r amic 16 r, loc 31 v, pauc, canonic, Tarbes 1281 foku-fuec Bey 4 v, 7 r, fog und loku-laug Bagn 1251, enemig 1260².

Beispiele aus späterer Zeit: Henriku-Henric: Qu'ey en aquet ondrot qu'Henric hou eslhebat (E. Vign.) amiku-amic. Qu'ère lou coumandant mes toustemps lur amic (ib) loc: D'aquin lou noum deu loc (Bat.) loc, pauc, tapauc Fond. 869/870. foku-hoec v 1213 geschr. houecq ebenso mit cq entee v ὄνξ.νχος v 1214. joe und loc: E puch aprés qu'awets boun joc, Que ja s'ets troubat en un loc D'Astr. p 99. pauc: D'aquet pauc que nous es restat ib 4.

b) nach Kons. Standen Kons. und Velar schon im Latein zusammen, so wurde e erhalten. rancore-arrencor Beyr 1256. rencura-rencura Soule 1252. arencura Beyr 1256. arrencuren L d'Or 30 v. arancurat Big 4 v. instituisco Cast. 1270.

Heute arrencuro.

Sekundär stimmhaft verecundu·bergogn Big 8 r, bergonho Bagn 1251. Qui tremoula hase de met et de bergounhe. Fond. v. 1716.

Trat c in den Auslaut, blieb es erhalten, wenn C und c schon im Latein zusammenstanden juncu-jonc Big 19 r, marc Bagn 1251, Cast. 1270. sarcu-sarc Gab. 1268.

Heute ebenso junc, marc, arc, porc. — Ou sas perles, com porcqs, presti debat lou pe Fond. Calv. 738. Ses poou lou porc y es à l'engréych D'Astros p. 69. francu-franc: Fouch, disi-jou, de qui lou sang, Es auta noble é auto franc, Que sang do Franço ni deou mounde ib p. 82. blancu-blanc, flancu-flanc: S'augoussots embiat un flascou, Jouts augouri mandat bin blanc Quets tenguere loc d'un

6*

boun cascou Quets escauhare plan lou flanc. ib 103. Un jour déu gairesc mes de mai (D'Astros). Sekundär (fremdwörtlich). mon(a)cu-monge S^{te} Cr. 1235, 1297. med(i)cu-medge Big 1 v. canonicu-canonge Bay 1247, L d'Or fo 44, 1259. Auch 1257. calonge L d'Or fo 30 v. Michel. 1236. S^{te} Cr. 1292. cler(i)cu-clerg L d'Or fo 44, 1259, Cast. 1270. Tarbes 1281, clerc St M. 1236. S^{te} Cr. 1243.

Heute: mounge, calonge: Car, segon aquet dise, avesques et calonges, Rectous y caperas, menouresses et monges. Doppeltes c im Auslaut vereinfachte sich zu c: siccusec Bagn 1260. saccu-sac: Cérto la mort me bout' au sac D'Astros p. 115. de bèt sec(bé) = tout-à-fait. toccu-toc: Las campanes nou den nat branlou ni nat tocq Deus officis de Diu etc. Fond. Calv. 2273/4.

Die Spirans j.

1. Im Anlaut. Die Spirans j wird im Anlaut zum stimmhaften Quetschlaut dž (geschr. j und g, g bes. vor e und i. Im Bearnischen findet man häufig y geschr.) cl jam-ja-ja Monts 1179, Auch C. n. XV, Big. 13 r, jaketjaz L d'Or 30 r, Luz 1226. jonku-jonc Big 19 r, jovenc-jouen Big 4 v, judike-jugge Auch C. n. XV, julju-jul Auch 1256^1 ejektare-jetar-geta Big 16 r, L d'Or 30 v, gitar ib 40, 1256 getad Bagn 1260^2, januarju-gier Auch 1257, yagut Olor. Beispiele aus späterer Zeit: jakere-jase: Qui jai deguens aqueste vas D'Astr. jazem en un lheyt (Hist. s^{te}) — de gaho — u hens lou jas Fond. 1166. jam + magisjames: Eds nou hasen james vigilis (ib 74) a u james (Catech.) Johannu-Jan: Jan-Farino und Jan-Toupi (Cortète) Counsolo-te pauro Janilho (Jasm.), Julju-julh, julhet: l'astre de julhet (Nav.), Julhet La haus au pugnet (Prov. g.), judice-jutge, judicare-jutja: Lou jutge de Noyou qui lou prouces jutja Fond. 1413. jutgesso: Sira la jutgesso de touts (D'Astr.), Junju-Jun, Jun La dalho au pung (Prov. g.).

Auch anlautendes dj und gj wurden zu dž: djornu-
journ: Lous journs mandatz dejonras (Catech.), journau:
Nou perden journau Fond. 79, journet: Aquet journet que
l'espandich D'Astr. djolosu-jelous: Sa majestat jelouse
(Fond. 2352) Lou Diu jelous (Nav.) Gjorgju-Jordi: Per
sant Jordi Cubris toun ordi (Prov. g.)

2. j im Inlaut; intervokales j bleibt unter Entwicklung
eines ep. i troja-troie maior Sᵗᵉ Cr 1217, Orth. 1246, Olor;
Cast. 1270, Sᵗ Eul. 1237, maier Bord. 1262; (may Bordères)
im Auslaut verstummt j. mai Beyr 1256, may Bordères
1252, Olor. majir-mayo: Lo mayoo abe nom Joel (Hist. sᵗᵉ)
maye bounhur de da que de recebe (Imit.). Punts de plus
majo d'importance (Fond. 252), Noste maje amigo apres
Diu (D'Astr.), majorale majourau: Lou mayourau per la
noublesso, Lou mayourau per etc. (ib) majouresso (ib),
majorana: sabia e majorana (Arch. 1480). Baiouno: A
Baiouno Tout se douno, Arribat, Tout ey dat (Prov. g.)
un mur de bajounetos (Jasm.) Im Auslaut: Maju-mai
Abriu que hè la flou may qu'en ha l'haunou (Prov.).
Toun mey fidel serbidou (Lespy).

Die Affrikaten.

gw.

1. Im Anlaut.

Der Labial verstummt ausser vor a; wahrscheinlich ist
er aber auch vor a in ältester Zeit dialektisch verstummt,
denn wir finden bald gua, bald ga geschrieben z. B.
guarin Orthez 1246 und gadanha Olor, aber bereits 1385
finden wir goa geschrieben wie heute: E que p goardetz
que sus so no sie vostre la faute (Gast. Phoeb. 1385). Es
wird also damals schon gwardetz gesprochen sein, wie
man es heute noch spricht.

Beispiele: toul. v. warente guarenz Monts 1236, guarentia Monts 1235, agen frk wardòn guardar davon gardian
Cast. 1270, wantu-gwantu-gant 1256, werra-gwerra-guerra
1270. arm. wadju-guadi Auch C. n. XV. 11. Jhdt. garentie
Auch 1259 bord. guarentia Sᵗ Mich 1237, Sauve 1240,

waidanjan-guadanjare-guadanbada S^{te} Cr 1291, guarda ib
garentir ib 1234. land. gadiad Beyr 1256, garand Gab
1268, bay. wîsa-guise L d'Or fo 45, 1259, bé guerre Sauvet
1253, guarin Orth 1246, gadanha Olor. big. wahta-gueyta,
gaytar 1 v, gardarerin, gastauan 4 v, gardar 7 v, guerra
13 r, guisa 14 r, guadanharan 17 r, guidar Bagn 1251,
guidoage, garir ib garde ib gardar, garir Tarb. 1285.
In gastare, von wo gastauan Big 4 v, hat auf lat.
vastare frk. wastjan eingewirkt.
Beispiele aus neuerer Zeit: La guide (N. Past.) Sera
la guide noste (A de Sal.), guerre: Quoand lou couscrit
ba ta la guerre (Nav.) Guilhem: Emplea lou Guilhem
(Dictons) Guilhaume: cincq guilhaumes (Arch. d. B. Pyr.)
guise (Hist. s^{te}) ha de guise que (Fond.) v. ahd wat: goa:
Lo goa deus Caperaas goadanha: Guoadanha Cecilie (Hist.
s^{te}) goant tres parelhs de goantz (Arch. d. B. Pyr.) goarda
(N-Past.) goari: jou las bouy goari (Nav.) goarni: Per qui
serey io guidat Entro la goarnida ciutat (A de Sal.) goasta:
S'affola e goasta la cabriole (ib). D'Astr. schreibt stets
ou, so gouari bosto maladio p. 109.

Die stimmhafte Affrikata gw kommt intervokal
nicht vor.

gw nach Konsonant.
Aus den älteren Texten kein Beispiel.
Der Palatal bleibt erhalten, der Labial verstummt.
Vor e und i wird gu geschrieben. languire-langui: languis-
sent, languint g. languineja: Caroun mès d'aigo jou chu-
càui, Mès, praube, jou languinejàui (D'Astros.) Sentioi
moun cor fremi d'uno douço languino. (Jasmin), lingua-
lengo: Quan nous aurem dus milo lengos (D'Astros) p. 28.

Las lengues agusades Ps. linguaticu-lengoadge: Nostes
chantres tabee, ab lou medixh lengoatge, Lous canten a
la gleise a l'hore deu cantatge. Fond. Calv. v 223/4.
unguentu-engoenh: Qui hou lou gran enguen ib v 654.
Trat gw nach Kons. in den Auslaut, schwindet der
Labial, der Palatal bleibt erhalten. sangue-sang: Demando-
..... L'abric deou noble sang de Fouch. D'Astres p. 81.

Fouch, disi-jou, de qui lou sang Es auta noble é
auto franc Que sang do Franço ni deou mounde! ib p. 82.

kw.

1. Im Anlaut. Der Labial schwand ausser vor a,
während k erhalten blieb. Dass der Labial verstummte,
sieht man daraus, dass für qu auch c und k geschrieben
wird, wie quomono-com L d'Or fo 40, que-ke C. n. XV.
und Soule 1252.
Der Labial verstummte jedoch nicht vor a, denn man
schreibt heute z. B. quoand, quoate und spricht dieso
kwuand, kwuate und wir finden schon Olor. quoate.
toul qui-qui Monts 1179. Léz 1189, que ib quitas
Monts 1236.
agen quale-quels, quauls Cast 1262, quitament 1256,
quietu-quitu-quité Cast 1270, quaesta-queste ib arm. quantu-
quant, que, queste, queri Auch 1256, quart Auch C. n. XX.
que-ke C. n. XV.·
bord. quiteren, quitansa, quant Sauve 1240, quomono-
cum ib, quale-caus Feuill. 1237, quito S^{te} Cr 1243, quant
1235, quomono-coma 1290, quintau Bord. 1275.
land. quarts Sordes p. 122, quita, quitan Beyr 1256,
quite Gab. 1268.
bay quant L d'Or fo 24v, com ib 40, 1259 cum ib 30v.
béarn. com Orthez 1246, Pau 1270, ke Soule 1232,
qui, querelha, quoate Olor.
big. com, quals, quant, quantas, quare-quar. que, quitas
.Big 4v, quando-quan 7v, cum 8r, can 29v. quant Bordères
1252, com Arné 1260.
Dieses o, welches u gesprochen wird, findet sich heute
fast allgemein vor a geschrieber: quando-quoand, a couand,
de quoand en quoand = de temps en temps, Quoan Calvi
se bii soul, chens argen ni pitance, Que-s retira tabec dret
au pays de Poictou Fond. 1224/5. Quanto-quoant, oouant,
quoantes; quartu-quoart, couart; quoartaa, quartale-quoartau,
couartau; quartellu-quoartet, couartet, couardet: Un mi-
couardet de vi tout blous (D'Astros.) quartariu-quoartè,

quartaria-quoartère, quoarterou. quattuor-quoate, couate: Per quoatte (für quoate), caperaas, gens de force y d'escapse Fond. 2232. gaha lou couate. quadru-quoayre, couaire, quoayrie; coayrahourc: Et loux dimarx matii, hen perme publica. Per touts lous quoairehourqs et cantous de Lesca. Que touts lous huganauts se bontessen en armes Fond. v. 2513/5. Calvi que chausi doncq la ciutat de Strasbourcq. On rencontra Bucher sus quauque coairahourcq. Fond. v. 1381/2. quale-quoale v quau, quoauque und quauque: Enfiis ed s'abourri de ha quauque predicq Fond. 1598.

Vor anderen Vokalen als a verstummte der Labial, geschrieben wird qu.

quinta-quinto: Aci noun sufis pas, tu vos, segound ta quinto, L'avé coumo uno bourso estacat à la cinto. Cortète quaesita-questo, quisto, quistaire: En fil de sent Vincen lanço milo quistaires (Jasmin). Noblo quistairo, anèi moun pensomen me quito (Jasmin quietamente-quitomen: N'es pas quitomen fregeludo (Jasmin) quotitate-quoutitat: Certanamen touto ma quoutitat M'es avengudo en countrado plasento. Salettes. que-que: Lou rèi qu'a uo cabano Couberto qu'èi de flous, La rèino que n'a no auto Couberto qu'èi d'amours (Vieille Ch. bé.) quietarju-quitayre. Homi seditious, qui, de monge quittaire, Manistre s'ere heit. Fond. 1687.

Für qu wird zuweilen c geschrieben, bes. in quomono-coum: Caresse, nou-n y ha nade. Que n'habousse au courau. E. coum la plus aymade, A. punhatz qu'habè sau (Despour.). La fanfare autalèu que succède au clari, Coum lou cant de Rouget-de-l'Isle, a Despourri (Navarrot).

2. Im Inlaut a) intervokal.

intervokales kw wurde zu g, während der Labial verstummte.

toul aqua-aigua Monts 1179.

bord. agva Ste Cr. 1235. — land. ague Sordes p. 127. augue p. 147. aguade p. 97. —

bay. v. sequire : sequente-seguent Bay 1282. — bé. seguir Olor seguian ib seguiam Sauvet 1253.

big. aga Big 6 r, agua s r aiguo Bagn 1260[1] Bordères
1272. ayga Bordères 1251.

Zuweilen wird noch qu geschrieben acqua S[to] Cr. 1290.
aiquhe Auch 1256[1] aqua-aygua Hist: s[to] II p. 36. aigas
Ps. 29. equa-egoas. Princesse de Viane 1480. aqua-aygue
Const. pop. Balent coum l'ayguo deu barat Prov. (Vaillant
comme l'eau du fosse. Aygues-Bounes, Aygues Cautes.
— aiga, aigues, ayga, aygua J. Delpit. Se truffaben tabee
do l'aige benadite Fond. Calv. v. 70. aquarolia-aigarolo.
Açò's io potito aigarolo D'Astros. von aqua : Arrat-aigassè
(rat d'eau) Las bèstios aigassèros D'Astros. aquosa-aigouso
E tout-d'un-cop m'arrevoutè Countro aquero ourdounancio
aigouso ib. sequire-segui : Apres abè seguit gai-hasentos
campagnos (Vignancour).

Tritt qu in den Auslaut, so wird' es zu c. sequit-sec
Sauvet. 1253. sequit-sec, siec auch seg und sièt : tout ço que
s'en sièc(g.) tout ce qui s'en suit. Et perque diset doneq
que lou huganautis me Nou tiene, sus nat punct, de l'anticq
judaisme, Peuhx que porten lous noms deux Sancts Judius
anticqs. ib 93/95. On lou psaume qui secq lous entenu
canta Fond. Calv. 140.

Zuweilen wird g geschrieben so in sequet-seg im
béarn, man spricht aber sec und schreibt auch sec-me =
suis-moi.

b) kw nach Konsonant. Der Palatal blieb stimmlos,
während der Labial schwand. cinquanta (aus quinquaginta
durch Differenzierung entstanden) cingeante Beyr 1256.
quasquuunus von quisque + unus unter Einwirkung des gr.·
kata unum-kadun, also: quesquun v kadun-eascun Cast.
1270, cascuns ib 1262 quauscum ib. im fem: cascue L d'Or
fo 47. 1261. cascuna Big 4 v. cascun Hist. s[te] II. 36.
cinquante, (cinquoante) Lespy. davon: cinquanteja (chercer
midi à quatorze heures): Nou pas ni d'aciéu, ni d'aquiéu,
Coum bon cinquanteja dab guerro Lous douctous nèseis de
la terro D'Astros. cinquen (mesure de capacité) Jou mandi
au pouticaire un cinquen pèr pago de sas poutinglos. ib.

cascum, chascu : car chascu d'eds aboue Que de rii ne
scaben trouba ni cap ni coue. Fond. v. 1948.

Auch im Auslaut blieb der Palatal stimmlos.
cinque-cinc S^{te} · Cr. 1290. g in cing Beyr. 1256.
unque-onc L d'Or fo 30. anc Desc. v Sordes. p. 111.
Arné 1260. don(i)que dounc : Deu judaisme doncq lour
credence germie Fond. Calv. v. 90.

Palatal vor Konsonant.

1. vor Liquiden. a) vor r. Während in den meisten
prov. Dialekten cr und gr gleich nach dem Ton stehend
par i entwickeln, vor dem Ton aber fallen, bleibt gr im
Gaskognischen erhalten, cr wird zu gr. Früher finden
wir allerdings noch placere-plaire Clor, placrabet-plaira
ib, leg'r'abent-leyran Big 27 r, tracere-treir Cast 1256, aber
gleichzeitig trezer Bagn 1251, treger Olor. Jetzt haben
letztere Formen erstere gänzlich verdrängt, wenn z. B.
im Dialekt von Arles placere-plaire wird, jacere-jaire,
tracre-traire, cocre-couire etc., der Vokal des Inf. e mithin
gekürzt wird und dann schwindet, bleibt im Gask. e erhalten und es entstehen Formen wie plase, jase, cose,
destrusi, counstrusi, nose, trese, woneben im bé. trege
und treye, hase oder ba, he etc. negre in St J. du M. 9 v
XI^s zu ner, welche Form noch erhalten im bé., daneben
aber negre und im gasc. negue und nere. De plus negres
pousous (poison) que n'abe heit Luther. Fond. Calv. v. 1086.
sacramentu-segrament Big 4 v, Bagn 1251 Olor. segrement
Cast 1270. sacristanu-segrestaa Tarb. 1281. In Lézat
XI^s finden wir noch secresta geschrieben. agradable
Cast 1262, Auch 1258. Olor. agradablemenz Bagn 1260[1]
agradere Beyr 1256 agraderemenz Tarbes 1258 dezagre-
dabletat S^{te} Cr. 1290. Pelegrin Morlaas 9 v, pelegri ib
10 v. Heute segramen(g) segrement (bé). v. alacre, ala-
cria-alegrie: Cantem dab alegrio D'Astros. pigritia-pigresso:
La pigresso, pecat caitièu ib. pelegri, pelgrinaciéu, acre-

agre. alegresso: Édab tout' alegresso. Lous hé jouyouso-
ment acaba la bieillesso D'Astros p. 8.

Seiten finden wir gr zu ir geworden: flagrare-flaira:
Me desaproufièito Las cerijos à mièi vaira, Las poumetos
à mièi flaira D'Astros.

b) c und g vor l Im Altprovenzalischen entwickelte
sich aus ci und gl mouilliertes l. z. B. perilh, vermelh,
solclh, ginolh, agulha, aurelha Mushacke p. 79. 13. Jhdt
arl. perilh solclh, aparelhadament (in des Sünders Reue).
Heute ist sowohl im Inlaut wie im Auslaut par. i entstanden travai, fermai, vermèi, usi (oc(u)lu) geinoui
(genuclu) estrai (stragulu) faio (fac(u)la) maio (mac(u)la)
devinaio (divinac(u)la) aguio (acuc(u)la) draio (trag(u)la) etc.

Wie verhält sich hierzu das Gaskognische: Das Alt-
gaskognische entwickelte wie das Gemeinprovenzalische
mouilliertes l, das im Neugaskognischen sowohl im Inlaut
als im Auslaut erhalten blieb.

agen. miralh Cast 1260 perilh ib 1270. — bord.
miral, la Réole 1085, miralh ib 1126, vecla-velha S^te Cr.
1292. land. bieille Sordes p. 87. pareil Gab. 1268. —
bay peril und perilh L d'Or fo 44, 1259. — bé. bicil,
aurcile Pau 1270 aparoilad tribaillaz Soule 1252. oc(u)lu-
uill Rev. 10 p. 240, 11 u tribalhauc Sauvet. 1253. — big.
ranunc(u)la-granucla-granolho Big 1 v, toac(u)la-toalha ib
8 r, bielhessa Bagn 1251, trabail ib 1272.

Tribalha: Tribaillaben lou reste De toute la sepmane.
Fond. C. v. 78/79. — miralh: Las greles de miraïlh que
serbiben au houccq. ib 2549. genuclu-joulh: Acrupido de
goilhes ib 2402. soliclu-sourelh: A Lesca tournaren, au
couchan deu souroil ib 2506. vetulu-veclu-bielh: Car
lours vieils debances on mediche credence ib v. 22. sus
lou biels pariatges (accord) ib 2343. apic(u)la-abelhe:
You nou sèy quin exami d'abelhes ha jamoy poudut passa
per aci. Serm. p. 6. murac(u)la-muralhe: Las muralhes
d'aqueste glèyse ib p. 7. Vom deutschen kegil: quilho
davon quilha: La canabère que-s quilhe. ib 8. ovicula
oüilhe: Las mies oüilhes entecades. ib p. 5. auclho: A petitos

auelhos petits siéulets (sifflet) Prov. g. Holo e pègo
es l'auelho Qui au loup va e s'aceusselho. ib. —
auelheto: Adeja l'auelheto belo D'Astros. auelhè: L'auelhè
benasit ib. firmac(u)la-fermalho: Soun-que siò pèr he
fremalhos ib vermic(u)lu-bermelhou: Ta berois ouelhous
Tendres bermelhous Navarrot. stragulu-estralh: Estralhs
dessouluts e gourmands d'Astros. coagulu-calb, tragula-
tralho, regula-arrelho.

Fremdwörtlich sind z. B. perigle, article: Hens lou
ceu commenca de brouni lou perigle; Et penden que
toustem sus lou meditox article. Fond. Calv. v. 2367/8.
— periglere: Herits (effrayés) deus eslambrecqs y de la
periglere. ib 2408. periglade: N'habetz pas habut brigue
de poü a las periglades. Serm. p. 6. seculu-segle Pau
1270, Bordères 1272 seglar Feuill 1237 Cast 1256. seglau
Beyr 1256.

Nach Kons. (n) bleiben gl und cl erhalten:
toul. ang(u)lata-anglada Léz 1143, 1193. bord Anglaterra Ste Cr 1234, M. 1236, Eul 1243. Angles Eul 1243.
béarn. anglade Lucq 66 r XIIs singulare-sengles Sauvet
1253. big senglas Big 7 r. agen. senglas Cast 1270.

Heute: cingula-cinglo und sanglo, cinglado, sangla,
cinglat, cinglouna. singulare-senglas, sanglas; singultu,
singlut-sanglot, sangluta, sengluta, ungula-unglo, unglado:
L'aimabon à n'en toumba las unglos (Jarmin). sanguilentu-
sangluent. avunculu-oncou mit Ausfall des l und carbun-
culu-escarbucle, ascarboucle mit Ausfall des n. singlutare-
sanglaut: Sas pregaris que hen sanglauts Fond. Calv. v 865.

2. Vor Labial
a) Vor m ist der Palatal in den älteren Texten erhalten:
Jacomu (für Jacobu)-Jacme St Mich 1244, Orthez 1246,
Auch 1259. Jagme L d'Or 1261.

Heute haben wir Ausfall des Palatal in fakimu-hèm,
fekimu-hem, sowie in James (bé), daneben findet sich
Jaime (bé) und Jaques (g).

b) Vor p nur in gelehrten Worten. In episc(o)pu ist

stets p gefallen: abesque Big 17 v, L d'Or fo 30 r, Cast 1270, Tarbes 1285, abesche Monts 1236, Soule 1252; ebesque Big 16 r, auesque Olor. abescat Beyr 1256, Gab 1268, Bordères 1272, avesques et calonges für abesques Fond. C. v 439. abescat: Per daban l'abescat hou renjade en batailhe ib 2284.

* 3. Palatal vor Dental.

Der Palatal wurde zu j, aus jD entwickelte sich entweder iD oder tš resp. dž. Par. i + D wird besonders in den gaskognischen Dialekten entwickelt, dann auch im Auvergnatischen, Dauphinatischen, in Ariège und Aude. Der Quetschlaut findet sich in Limousin, Querry, Rouergue, Albi, Viviers, Cevennen, Montpellier, Arles.

1. act.

toul. placitu-plcid, facta-feita Léz 1189. feit Monts 1236. agen. fait, hac talc-aital, hac-tantu-aitant, malefeyta, pleit Cast 1270.

bard. pleit Sᵗᵉ Eul. 1237. — bay v. placitare-pleiteiad, coactu-coite L d'Or fo 44, 1259. feyt Bay 1247.

bé. coite Orthez 1246, tractat-trey, pleitei Olor.

big. pleit Big 4 r. feyt, playdeiar, pleyteiar, playdeiana ib 4 v forasfeit 12 r, forfeyt 14 v, forfeit 15 v, pleidesic, feite Bagn 1260¹; coeito, feit, trait, maufaitor ib 1260²; plaidesie Tarbes 1285. Lacto lait und lèit g. — la (arl.) lac (d.) lach (a, l) lai (for.) — lactariu-laitiè(g), laiteirou, laitairo, leitoun: Chucon lou vin coum bèt leitoun D'Astros. — lèyt: .... On la leit y lou meu coulaben a grans chourres Fond. C. v 2347. allactare-lcita, enlcita. tractu-trait und treit. tractare-treita; attractu-atrait, atrelt; extractu-estrait. fracta-berèito, rèito(g) rèite(bé) benefactu-benfèit(g) bchèit(b) placitu-plèit: Ta-ts plèibs, nado gent vau Coum ero d'Oussau (Prov. bé). facta-hèito: Despuich aquero hèito (Hatoulet).

2. ҫet

toul. directu-dreit Monts 1179, 1236; Léz 1232 explicita-espleita Sᵗ Gaud. 1248. agen estreit Cast. 1270. dreita 62.

arm. Benedictu-Beneacit S⁺ J. au M. 18 v. bord peitavins
Sᵗᵉ Cr. 1235. dreiz ib. land: dreit Sordes p. 111. dreiturie
Beyr. — béarn. drait Oior, dreid Sauvet. 1253. — big.
dreit Big 4 r, 8 r; dreyt ib 1 r; estreitz ib espleit Bagn
1251 dreitatge Bagn 1260¹ contreit, alheits, eslheits ib
condre¹s Bordères 1272.

Lectora-Leitouro : Leitouro Que plouro, Flourènçc Que
pènso. pictavinu-peitavi rectore-reitou, ritou. directu-dreit
daneben dret: tectu-teit und tet: teyt: Hens un medihx
cledat ou debat medixh teict Fond. C. v. 1982. qui dictabe
lou dret ib v. 1238.

Auch in früherer Zeit finden sich neben Formen mit
ep. i solche ohne i, wo der Palatal schwand oder Quetschlaut entstand. arm: drectu-dre Auch C. n. XV. dretadie
Auch 1253¹ drechura Rom. I. 418, 5. toul Benazet S⁺ Gaud
1248. — land costret v dretadge Gab. 1268. — bé. dret
Olor. — big Benezet. Big 2 r, dreh ib 4 v.

3. ϱct
agen lectu-leit Cast 1270. bay. leit L d'Or fo 66. 1265.
jectare-gitar ib fo 40, 1256. profiit ib fo 45, 1259. bé.
profeitable Pau 1270. profieit, espieitz Olor. big. lheit
Bagn 1251 proficit ib 1260.

Diu qui de son lheyt es sortit com bet spous etc.
Fond. C. Encarcerit au lheyt de nau grans malaudies ib
v. 1404. leict : Hurous enquere hou de mouri hens son
leict v 1405. despectu-despèit(g) despièit(bé). Per un
grand despeit für despièit Fond. C. v. 1084. respectu-
respièit. profectu-proufèit(g) profièit(b) perfectu-perfèit,
effectu-efèit.

4. ϱct
ϱct kommt nur selten vor: par. i ist entwickelt in
tructa-trouèito(b).

Sonst finden wir noch ductare-doussa v doutsa : Per
laua l'universau round Noum hèc pas et doutsa d'uo hount.
D'Astros.

5. ϱct.
ϱct entwickelt par i in:

bord: oiten S^(to) Cr. 1237. bay. coite, uidor L d'Or 1259.
big. neit Big 16 v, neit, nuit Bagn 1251, neitaumenz.
cocite ib 1260. noeyt 1414. (bé) und: com la noèyt a las
crampes Fond. C. v. 1032. neyt: Haséts coucha touto
la néyt Boste berbiâri dins lou lièyt. D'Astros. p. 96.
Sonst auch nèi, nèit, nuèit(g), nouèit (bé) octo-ouèit, houeit,
houet, oucitième. vocitu-boucit, bèit, cocta-coito.
Nicht entwickelt: der Palatal ist geschwunden in
nut Olor cuta (cogitare), zu t geworden in outtobre daneben ouetobre; der Dental ist geschwunden in uea (vocitare)
bé ahuga (vocitare) g. daneben abugla.
6. uet.
uct entwickelt par i. land: tructa-truita Sordes p. 157.
agen fructu-fruitz Cast 1262, 1270. big tiuita Big 17 v.
fruitz Bagn 1260².
Heute: fugita-houeito(g) houeite(b) fugitiou-houcitiéu(b)
conductu-counduit. ructu-brueit(g) arrut, arruet(b) tructa-
troueito(b) troucho(g).
fructu-frut, fruat, hrut. Lou fruct sanct. Fond. C. v.
712. ructu-brut.(b): Aquet brut, un tempsot, per aci
bougarra, Et puehens, chicq a chicq, ed que s'esbajara ib
1469/70. soun frut eygalo D'Astros. p. 42.
ct + K. entwickelt kein par. i. coact(i)care-catcha.
net.
In der Verbindung net schwindet der Palatal in
frühester Zeit und nt wird im Auslaut wie primäres nt
behandelt, d. h. t schwindet. In der Schrift findet sich
net noch bei Fond. lou sanct y lou doctou v 1226, doch
sentouratge v 58 und sentourè v 962. toul. sent Léz 1189,
1212. agen sent, sants Cast 1256. sante 1270. cinctura-
sentura ib 1270. arm. sanct Auch 1256¹, sent 1259. bord.
sans S^(te) Eul 1237. Sauve 1240. land. sen Sord. p. 121.
bay. sent Big 7v, sant Bagn 1260¹.
Sent-cla D'Astr. 54 santetat, santoment, santificacioun
ib; punctu-punt ib 87. pouncts Fond. v 84. unctare-unta
Fond. 1026. cinctu-cinte 1415. tinctu-tint, tinture ib 199.
In planctu-plang ist die gem. prov. Form eingedrungen
Lou triste plang (Desp.).

Die palatalisierten Konsonanten.

1. Die Liquiden.

1. rj

a) rj vor dem Ton wird zu ir, indem sich par. i entwickelt: cellarjárju wird cerayrer S^te Cr 1292. cerayria ib, aber cerarer Auch 1257 und serarer S^te Cr 1237. Heute: varjare-vaira (D'Astr.) inarjare-enaira: Entre-mièi terro e cel t' enaires (Jasm.) forjosu-foirous: Capeiranot foirous (Fond. 2161) esclarjare-esclaira (Cortète).

b) rj nach dem Ton wird zu r, ohne par. i zu entwickeln; es findet sich meist in den Endungen arju, arja, erju, erja, ·welche zu èr und èra und später zu è und ère resp. èro werden. Es finden sich jedoch auch Formen mit ep. i, so bes. in Casteljaloux, wo wir deneir, hereteir 1256, ordeneir, prumeir 1270 und primaira 1262, tuteiria 1270 finden, doch weisen schon intervokales n und t auf den fremden Charakter hin.

Beispiele für er: acucularju-aguler Morl 5v, bovarju-boer ib, sextarju-sester Big 3v, caualer 16r, Mas d'Azil 11. Jhdt. augerju-auger Arné 1260. molinarju-molier Sord. p. 51, Auch 1256[1] L d'Or fo 44, 1259. epistolarju-pistoler Gab 1268, claustrarju-claustrer S^te Cr 1243, carpentarju-carpenter ib.

Um die Mitte des 13. Jhdts. findet sich schon die Endung e: viridjarju-berge Bagn 1260[2]. — arja, erja: adgratarja-agradere Beyr 1256. veritadarja-bertadere Bagn 1260[1], barrarja-barrera Big 14v, Sord. p. 118. falketarja-fauquedera Gab 1268, dolatoria-doledera ib, calidarja-caudera ib v Bord. 1275.

Auch hier Beispiele mit par. i: manerja-maneira S^te Cr 1235, Sauvet. 1240, barrarja-bareira Big 6r.

Aus späterer Zeit: solarju-salè Fond. C. v 730, ferjufiè, corju-couè cui in bord. Montanarju-Mountanèr: A Mountaner de Mountanerès. Si nou dab la vaco, nou poyo arrès Pr. G. avicularju-aulhe: L'aulhè benasit (D'Astr.). Tu nou veiras aulhè. Qui merite melhou de t' avé per moulhe (Cort.).

L'aulhè chiulant lou ca (Pujo) ministerju-mestiè (Fond.
Past.) capitjarju-capsè: Lou capsè de Nadau = la bucho
de Noël. scutarju-escudè Fond. 2281. primarju prumo
D'Astr. 173, permè: De permè de parla (Fond. 1838).
ferja-hèro, hère: Cadu hèro merito. En aquesto maisou
(Bordeu); hèro que hè, qui hèro aimo (Lamaysouette)
riparja-arribère: Tan loungtemps qui soiis mounts y pes
las arribères. Nouste lengadge es parlara. Tas cansous
Navarrot, seran toustemps nabères; de toun coo, de toun
noum, cadu se broumbara! (Epitapho do Nav.) bannerja-
banère: Cadu dab here moun, y dab la sou banère (V. do
Bat.) molinarja-moulière: la gran peyre moulière (Peyret)
calidarja-cautère: las granes cautères do l'ihèr (Serm. c).

Nach Par. de l' Enf. Prod. findet sich eyro für ero in
Anglet, Mimizan, Aurignac, Aspet, Mauléon de Barousse
und Sᵗ Vivien.

Eine zweite Entwicklung der Suffixe ariu, eriu, aria,
eria trägt gelehrten Character, sie muss später eingetreten
sein, als die erstere, aber wir fanden sie schon häufig in
den Urkunden des 13. Jhdts. Diese Entwicklung ist Ge-
meinprovenzalisch und besteht darin, dass der nachtonige
Vokal fiel resp. a zu e wurde und ri erhalten blieb, so
wird ariu-ari, eriu-eri, aria-aria, (arid, arie), eria-eri(a,
(erio, erie): sanctuariu-sentuari L d'Or fo 30 v. notari
Auch 1256², Bagn 1260¹, Cast. 1270. Olor. aniuersari
Auch 1256¹, anniversari Sᵗᵉ Cr 1269, Cast. 1270. territori
Bordères 1272, adulteri Olor. vicari Sᵗᵉ Cr 1290. memorio
Auch 1256¹, Bagn 1260¹, memoria Cast. 1270. necessarias
Cast. 1270. tubellaria-tuteiria ib, pregaria Big 4 v, pregarie
Auch 1259. pescaria Sᵗᵉ Cr 1290. ascudaria Big 1 v.

Heute: memoriu-memori, histori: Mossen Routge, si-p
plats, vous qui scabet l'histori Et qui deu temps anticq
poudet abco memori. Fond. C. v. 1/2. commissariu-com-
missari: Que digou lou chapitro aux seignous commissaris?
ib 2139. Lou sindicq s'opposa touquessen aux sanctuaris.
2140. consistoriu-counsistori: Arribat a Genebe, assemblan
consistori On hou de Sent-Martii legut tout lou memori

ib 1955/6. cemetèri, empèri, davon emperious: Un emperious crid D'Astros. ribarie: Mais nouste saubadou, qui bii lour rebarie Boulou nache pourtant de la vierge Marie Fond. 499/500. materia-matèrio, misèrio.

2. lj.

Wir haben bei el gesehen, dass die Dialekte der Gaskogne im Neuprovenzalischen eine besondere Stellung einnehmen, in ihnen erschien el sowohl im Inlaut, als im Auslaut als mouilliertes l. Ebenso entwickelt sich lj. In der Schrift finden wir die Mouillierung in früherer Zeit sehr verschieden ausgedrückt, doch überwog schon die heutige Schreibweise lh. Daneben il, ill, ilh, einfach l und in Landes auch li. toul metalja-medala Léz 1232. filju-fil ib 1189. fils ib und Monts 1179, 1235, millju-mil (Hirse). Léz XIIr, Monts 1236, filja-filha St Gaud. 1248.

agen. filh Cast. 1256, 1262. filha, vuilh, vulh, molheir, melhor, cosselhedor, mil, milia Cast. 1270. — arm. cossel Auch Ende des 11. Jhdts. fils ib C. n. XVII. fil, julju-jul ib 1256[1], mezale ib 1256[2], coselh, moler ib 1259. — bord. milia Ste Cr 1290. filh Sauve 1240. — bay. fil L d'Or fo 30 r. — land. fil, filie, folja-fulie, milie Gab. 1256, dalja-dail, pareil Beyr. 1268. — bé. cosseil, mile Soule 1252, cosseill, meilor Pau 1270. batalha, molhe, conselh, medalha, mielhor Olor. — big. filha Big 1 v, filh, coselhar 4 v, mesalha 2 r, cosel, cozel 15 v; palha 19 v, mealha 28 v. melhurar, filh, melhurament Bagn 1251, mels, despolhar, filhe ib 1260[1] cosseilh, cosseil, coselher ib 1260[2]; filla Luz 1226; folja-fulle, coselh, Bordères 1252. miels, meillor Tarbes 1285. Mirabiljamu-merebilham Bar. bé. 1385. grilleus-grilhoos. Baron bé.

Im Neugaskognischen ist die Mouillierung erhalten, genau wie bei el. Wir sehen auch hier wieder, dass im Inlaut die Dialekte der Langund'or sich dem Gaskognischen anschliessen, sie im Auslaut aber sich trennen.

Aljorsu-alhous, alhurs, aulhou: Nous autis parlaram dilheu quauque begade, Que peuhx que l'heresie es de France cassade, Bet leu per tout alhous tabee que finira

Fond. 2619/21. — [aiours (g. prov.) alhours (l)] — alljualh: es aqui l'alh. [ai (prov.) al (l)]. alljatu-alhado (g. l.) [aiado (prov.)]. victualja-bitualhe: Lous jurats hen pourta pa, bi, dab bituailhe Fond. 2327. — baralja-baralhe, gasaljagasalhe: Be crey qu'eren souben en de granes barailhes, Quoan ed cro question do parti las gasailhes. Fond. 311/2. Gasalho entre couquis n'engendro que misèro (Prov. gac.) — [baraio (prov.), baralho (l), gasaio (prov.), gasalho (l)]. battualia-batalho (g. l.), [batuaio prov.]. balea-balho (g. l.) [baio prov.]. bovalja-bouvalho. [bouvaiv. prov.). curaliacuralho. [curaio prov.]. curalha [curaiâ prov.]. curilha [curiha prov.], curilho [curiho prov.]. cilja-cilho, celho (g. l.); ciljare-cilha (g. l.) [ciha prov.], colja-coulho [couio] coulhoun [couioun], coulpouna [couiouna], duljare-dalha [daia], dalhado [daindo]. dalhage [daiage], dalhaire, dalhè b [dainire], dalja-dalho [daio], dolja-doulho [douio], doulhard [douiard]. consiljare-counselha [counsein]. cousselhatge [counseiage], cousselhaire [counseiaire], counselhè counseié, goth. scalja-escalho [escaio], escalha: escailhat Fond. C. 1178. paljari-palhè: A mièi jenè Mièi palhè; A mièi héurè Mièi graè E lou porc sancè (Prov. bé), palja-palhe: Croux de paillo D'Astros. 97; von palhe: palhet: Entrats, bloundetos, Entrats, brunetos, Bienèts, palhetos (Navarrot). filju-hilh: Atan Diu lou dise qu'eren filhs de Satan Fond. C. v. 112. Tant de hillôlos, é hillôs! D'Astros 93. Beo counexetz dounques Yanete, Hilhe de Yan de Poupe-by? Hatoulet. gasalja-gasalho: Gasalho entre couquis n'engendro que misèro (Prov. gasc.) Eds que passaben doncq, quoan prenen- las moulhes, A mieges de proficit, lous contrats gasailhes. Fond. C. 301/2. talja-talh.: Arrè nat tail-aucun vestige Fond. C. v. 1521. Mounde do bet tail-grand monde beau monde ib 1522.

2. Die Labialen.

b; vj.

Der stimmhafte Labial fällt und j ruft ein epentetisches i hervor, das auch im Auslaut erhalten bleibt.

bovjare-boiar Sordes p. 148. babea(t-aie Monts 1179
Auch 1256[1] Bagn 1260[1] und aje wo j wohl nur Schreibung
für intervok. i, denn wir lesen ebenda (Bagn 1251) abjamu-
aiam. habjant-aian St Gaud 1248. debeant-deian Cast 1262
deyan S[to] Cr 1290 dejon ib. habjo-ei Cast 1270 Tarbes
1285. debjo-dei Auch 1256[1] L d'Or fo 47, 1261 Tarbes
1275 Olor. Heute wird dieses i im Gask. durch j, im Bearn.
durch y ausgedrückt, doch findet sich sehr häufig i
geschrieben.

tubja-toujo, touio: Pastous de la raso plano. Al soun
del tambourinet Avès franchit toujo e brano Pèr vèire
nostre Enriquet (Jasmin). Nou cau pas trop usa la faus,
Se volen que coupe la toujo (Pr. g) tubjanu-touja, touia:
Mes pastou boni esta e bira mas aulhetos Au bet loung
déu touia oun baden las erbetos (Nabèro Pastourelle Béarn)
avjolu-auyòu, ayòu, aujò, avjoletu-auyoulet, aujoulet.
Pendent que la praubo aujouleto Hè lou houcc debat la
ouleto Ou dementre que l'aujoulet Lou bè debat lou pai-
roulet G D'Astros. rabja rauye, rauio(bé) arraujo(g) rab-
josu-raujous, arrauyous Au locq qu'aus caas n'ey pas la
rauge accomanade Que quoan n'at arraujous lous da quauque naicade Fond. 1984. cavja-cauyo, caujo doch cauge
bord; pluvja-plouio, plouyo pluvju-ploui: Batiat déu gascoun per vent ploui D'Astros. plouiado, plouiasso. rubju-
roui, arroui daneben routge(g) routye(b) abjas-ayes(b) ajos
und auges(g) abjatis-ayats(b) augets, ajats, ajas(g) aljamu-
hayam: Bos-Tu qu'hayam per u maynatye Lou sort hurous
(Noëls) bovjale-bujau, buiau: Jou lousissi Coum bèro
aulièro en un bujau D'Astros. subjornare-soyonar. In der
Endung der 1. Per. Sg. Fut. (z. B.) -abjo -cy .... io-t
benediserey Touta ma vita, et ma pregari, En ton nom,
o Diu, salutari, A maas iuntades io-t harey (Psaumes).

Zuweilen entstand der Quetschlaut dž. diluvju-de-
lutge(g) delutge(b) daneben deluvi und delubi; laubja
lotjo(g) lotyo (bé). Nach Cons. ist der Labial meist als
b erhalten: salvja-saubio(g) sabie(b) cambjare-cambia:

Cambia, be pos cambia de serbidou (Despour) inviarcembia Serm. p. 12. Der Quetschlaut entstand in servjentesergent(g) serjant(b) Toutz lous sourdatz, en medis equipadge Au darrè deu serjant, passabem peu biladge Fond. Past. lou serjant-major ib.

pj, fj.

In den wenigen Beispielen, in denen pj und fj im Gaskognischen vorkommen ist die Entwicklung folgende gewesen: pj ist als pi erhalten fj welches ich nur in coffia (cupha) gefunden, ist zu h geworden; also coho. — recepja-recepia, arecepia Cast. 1270. sapia-sapie Tarbes 1285. Ebenso heute: sapiam etc : que sapiey, sapies, sapie, sapiam, sapiatz, sapien(b) sàpio oder sàpie, sàpios oder sàpies, sàpio oder sàpie, sapien, sapies, sàpion(g). Im Imperat. kommt neben sapios: sachos vor etc. sapio (sacho) sapien (sachen) sapias (sachas) sapion (sachon); im béarn. nur sàpis, sàpi, sàpim, sàpits, sàpin. sapientesapient. appropiare-aproupia, daneben aproupa. von malum appianum : apio : poumo àpio, pero d'àpio. apju wurde durch Verschmelzung mit dem Artikel làpi.

3. Die Palatalen.

gj.

gj vor dem Ton findet sich nur in Lehnwörtern und ist dort als gi erhalten: regione-regiou, religione-religiou, reliyou (bé) legione-legiéu, lagiéu.

gj nach dem Ton wurde tg (g) ty (bé) rapagiurabatge (g) rabatye (bé) suffragiu-sufratge, plagio (plagica?) platjo, praesagiu-presatge, collegiu-colletge, exagiu-assatje masnagiu-mainatge : Pourtaran Lou mainatjoun au caperan G. D'Astros.

In Georgiu ist g zu d geworden. Jòrdi : Per sanct Jòrdi Cubris toun ordi Pr. g. Brave coumo sanct Jòrdi.

cj wie tj.

4. Die Dentalen.

tj v cj.

a) tj vor dem Ton wird zu stimmhaftem s, früher z, jetzt s geschrieben. der j laut schwindet.

satjone-sazon S^{te} Cr. 1243, sadon ib 1235, (d = s)!
ratjone-arrazon ib 1269 radon, arradon ib 1286. arazon
Auch 1256, Cast. 1262, arradon Bèychac 1236. arreson
Beyr 1256, razon Gab. 1268, arrazon L d'Or fo 67, 1265.
arazon Bagn 1251, razo ib 1260², arrazoo Bordères 1272,
Tarbes 1285. ratjone-rasou(n, Et nou poudou pas doncq,
per rasous de tricqtrac. lonfonde lous sprits aqui com a
Neracq? Fond. C. 1853/4: fauses rasous ib 1741, ratjonare-
resouna: Mais mielhe rescuna lou prince de Conde. ib
1742. potjone-pousou: pousous de mourt ib 702. potjonariu-
pousouè: Lous pousouès soun marcats autour de las echèros
(Nab. Past. Béarn).

Las erbos qu'èi aci me soun estat dounados Pèr un
mèstre pousouè, que las tiro del Pount, Ount maissou à
fouisou toutos empouisounados (Delprat), potjonaria-pou-
souèro: Ets hèn avala la pousoun Ni mès ni mench que
la pousouèro Sa pousoun d'uo poumo capèro Dab. lou
poutatge ou dab lou vin, Pèr poude arrapa lou mès fin
D'Astros. ligatjone-ligasou, minutjarju-menusè, menuserìo;
satjone-sasou, titjone-tisou. pretjare-presa: preso-t'i = appli-
que-toi à cela.

Gelehrt statjone-estation, devotjone-devotiou: Pregan
Diu doucamens per toutes les carreres, Et sustout en lous
locqs on soulen ha caperes Ou deu sanct sacramen authaas
d'estation; Peuhx tournan a la gleise en gran devotiou etc.
Fond. C. 2023/6.

Zuweilen finden sich Nebenformen: putjare: pusa,
putsa, poutsa g. putza (bé), puda bord.

b) nach dem Ton; a) inlautend. tj wurde ursprünglich zu tz (geschr. c), das dann zu stimmlosem s (geschr.
ss) wurde plattja-place Bay 1282. malitja-malice Beyr 1256.

Fremdwörtlich: gratja-gracio Big. 1256, gratia Cast.
1270, gracie Auch 1256¹ graci Beyr 1256.

Zuweilen finden sich noch Formen mit c wie in plaço,
platjariu-placè: Lou vesian passeja sul placè (Jasmin),
Sul placè proche de la Baiso (ib), minatjo-minaço menaçaire:
Baichon un bras de fèr autres-cops menaçaire (ib). Volks-

tümlicher ist aber wie man am ausgefallenen n sieht die Form miassa: e per miasses, a mau grat, lou he fina aquera souma. (Conte pop.), ligatja-ligasso: Petit mau, grand ligasso (Pr. g.), agatja-a(i)gasso, pigritja-peresso, tristitja-tristesso: Atau bibi sens tristesse ni mieye (Gassion), promitja-proumesse: Moun bèt beryè qu'ère arribat, Per tiene sa proumesse Il cruel hat qu'eu m'a enthebat, Diu! la courte alegresse! (Despourrin) tendritja-tendresse, La tendresso e l'amou Qui t'èy pourtatz Soun aco lous rebutz Qui èy meritatz! (ib) riketja-richesse. De richesses me passi, D'hanous, de qualitat. (ib). Französischer Einfluss hat sich in der ganzen Gruppe geltend gemacht.

β) tj im Auslaut wurde zum Quetschlaut, der verschieden ausgedrückt wird: tz und ch, auch ich und ix. Dieses i, welches heute nach Lespy verstummt ist, scheint darauf hinzuweisen, dass früher ein par. i entwickelt worden, und wir finden auch in den alten Urkunden pretju-preitz Stᵉ Cr 1246, pretz Olor. pretju-prets und prech, palatju-palaich, potju-pouch(g) pouix (bé).

tj nach Konsonant wird zu ts geschr. c, in alten Urkunden auch s geschrieben:

tertju-ters Big 7r, Soule 1252, terdz L d'Or fo 47, 1261; tertja-terca Simorre 1132, tersa Bagn 1251. tenentja-tenence Stᵉ Cr 1237. fortja-force Big 14r L d'Or 30r; forze Auch 1259. antiu-ans Stᵉ Cr 1248. abantju-abanz Tarbes 1285. Tertja-terce: La terce que basen. u dimenche en septeme Fond. C. 567. fortja-force. De fource ou de met, lou hec bado hereticq ib 28. abantja-abance: Lou tambouri pagat d'abance, Daune, que da plan mechant sou (Navarrot). .... La de l'estiu hasen d'abance pres d'un mees. Fond. v 566. cadentja-cadence: .... Ta mielhe segui la cadence (Navarrot) scientja-scienço, cousciença: Qu'et es ome de ben, qu'et a bouno couscienço, Qu'et es tout plen de sen é tout farcit de scienço D'Astros 17. sperantja-esperanço Francja-Franço: Moussour, jou soun en esperauço Tant boste sen jou cresi boun, Qu'encoua que bous bengats de Franço, N'aurats debrembat lou gascoun D'Astros 72, balancja-balanço. nuptja-nouces Peuhx que lou Sabadou, hens lou bourcq de Cana, L'abe santificat, quoan en nouces ana etc. Fond. v 329/30. suctjare-suça, tractjare-traça, Martju-Marts. lintjolu-linço, lançol.

stj wurde zu ssj und hat wie ss eine doppelte Entwicklung, es blieb als ss erhalten oder wurde volkstümlicher zum Quetschlaut ch. postju-puch, despusc, despuix, angustjare-engouecha. ostja ergab oisso, doch von ostjuuchet und ostjarju-uchè.

dj.

dj entwickelt im Gaskognischen ausschliesslich par. i. Die wenigen Beispiele, in denen dj zum Zischlaut wurde, sind aus anderen Dialekten herübergenommen. Heute schreibt man meist j, das aber nicht Zischlaut bedeutet. sondern den par. i-Laut. Lespy verlangt und schreibt y als Lautzeichen.

i resp. j oder y bilden keine Silbe für sich, sondern bilden mit dem vorhergehenden Vokal einen Diphtong, z. B. invidja-embey-e. Geht jedoch ein Diphtong vorher, wird der Laut zum folgenden Vokal gezogen gaudjosu-gau-yous.

com. modju-moi Léz 1189.

agen. medjetate-maitad Cast 1262, 1270.

arm. meitad Auch 1260[1] podju-poi St J. du M. 11. Jhdt.

bord. podjale-poiau S[te] Cr 1235. medja-meia, meitat ib 1244. Poi-agul la Réole 1126.

land. medja-mieie Sordes p. 148. Auro-poi ib p. 106.

bay invidja-embeie L d'Or 30. 12. Jhdt. maitadz, maitaz ib fo 24.

bé pui Morlaas 12. Jhdt.

big meitad Big 19 v. podjare-poyar 29 v. mieitad Bordères 1272. puey Big 4 r, moi 7 v, medju-miei 6 r, Bagn 1260[2] mei Bagn 1260[1].

Invidja-embejo: Jou mourichi d'embejo D'Astros p. 7. Nat d'eds n'a pas embeje Fond. 952. embeja, embeia; embejeto, embeieto; embejous, embeious.

inodjare-anuja, anneia, debeja: De courre debejat, ed

sonja d'abourri-s, D'ana-s secretamens escoune-s a Paris.
Fond. v 1101/2. Lou pan d'oustau ennojo (prov. g).

medja-miéjo: Aus sartes é aus teychinés Qu'uson tabe
de miéjo cano, Jou doun tabe forço dinés D'Astros p. 170.
medjetate-mieytat: Tu t'i poires pequa mey que de la
micitat Et l'hereticq, Menjou, pot dise la bertat Fond.
v 825/6.

Podjare-puja: Tout beu, Mossen Ichard, vous debet
preno goardo De nou lecha-p au nas tan puja la mous-
tardo Fond. 2203/4. radjare-arraja: Lou sourelh à la terro
arrajo; arrajadis: Tu veses verdeja la vigno. Que presento
à l'arrajadis Soun frut coulat déu paradis D'Astros.

' arrajado: Arbajon la maje arrajado ib.

Nach der von Lespy vorgeschriebenen Ortographie:

Podjare-puya: Bouletz pourtant sabe so qui a you
m'ha hèyt puya sus aqueste cadière de bertat? Serm. p.
6. apuyadou: Sul blanc sulhet que sèr d'apuiadou. Jasmin.
vidjamu-beyam: Saute aci et beyam las tres bertatz Cont.
pop. radjare-arraya: La lue n'arraye pas autant coum
lou sou ib. radjosa-arrauyouse: Lou Gabe, a l'arrauyouse
alure, Que la s'emboulegue au cabbat (V. de Bataille)
med a-mieye, invidja-embeye: Atau bibi sens tristesso ni
mieye, Quoand u bèt oelh m'ana ha, per embeye, Au
miey deu coo, bère plague leyau (Président de Gassion).
medju-miey: Et en lo miey de la biele abe un lac plee
d'aygua Hist. s^te II p. 36. Disen que, de perme, peu miey
se haren hene. Fond. v. 2127.

Sens m'ana cerca miey die a quatourze hores. Serm.
p. 7. hodje-hoey: Nou bieni pas hoey tourna p'arroumeya
aqueres bères pensades sus lasquoaus you èy tant de cops
tounerreyat ib p. 6. Car lours vieils debances on mediche
credence Que nous auts abem oey de lejaux chrestiaas, lo
qui n'abon james Judius ni Jesitaas. Fond. v. 22/4.

Den Zischlaut finden wir eingedrungen iu: toul mod-
jaticu-mogadge St Béat 12. Jhdt. bé podju-pogge Soule
1252. Heute z. B. neben arraja: racha v. mediu: a mieges

= à moitié: A mieges de profieit Fond. 303. v. vadjan: Jou gatgi tres reaux D'Astros p. 8.

Gelehrt: v. vadju: engadiar, engadiade Beyr 1256. remedju-remedi: Guilhelmi lo disco que no abe remedi etc. Baron béarn p. 38.

Alo Léz 1040, Feuill 1237. Cast 1256, alos Monts 1236 sind von alodu nicht von alodju abzuleiten.

sj.

sj wird zu is.

toul. masjone-maiso Léz 75 v, Monts 1236. — arm. maizon Auch 1256[1], glizie ib 1259. — agen. gleiza Cast. 1256, 1270. — bord. gleisa, maizon Sauve 1240, gleiza Feuill 1237. occaison S^{te} Cr 1290. — land. gleise Gab. 1268 maison ib. — bay. maizon Bay 1247. glizie L d'Or fo 24 r. — béarn. maiso Olor. — big. gleisa Big 7 r; gleise Tarbes 1285. maiso Bagn 1260[1], maisoo Bordères 1272.

gleyse: Aquet pecat·ey dounc, qu'au sorti de la gleyse, lous gouyatz disen a las gouyates: Hèp! bou .... bou ...., bou ... (Serm. p. 7). Mes au temps qui regnabe assi la reyne Janne, com ere s'esbarri de la gleise romane, He tabec, perberti son poble catholicq Fond. 25/7. gleise und agleise in ib 625 und 627: maisou, maison: D'u coustat, nou bedetz que blatz, troupètz, maysous (Vignancour). — Labetz ed t'em querèle, E que t'em ba pausa lou brespe en sentinèle Au dabant la maysou de noust coumandant (Fond. Past.). Qu' has pres u tashaut bol, Que ma maysou, N'ey prou haute enta tu Du cabirou (Despour.) Qu' y a dens la mayzoun de moun pay, domesticos qu'an pan en abondanso Parabole de l'Enfant Prodigue, Patois de Masseure, dialecte armagnac und so in allen maysou, maysoun etc. fusjone-fouisoun: Benurouso es la maisoun Qu'amics recep à fouisoun (Prov. g). — prehensjone-preisoun, praisou, camisja-camise: Car en gourrin lous mons, quoan per lous locqs passale, De nom com de camise en cade locq mudabe. Fond. C. 1591/2.

Kein par. i entwickelt in phasianu-hasa, hasan: Lou

hasa n'abè cantat Qui las mios oulhetos, Lou tirabi déu
cledat (Mesplès), Rougo coumo un hasan (Pr. gasc.)

ssj wird meist zum Quetschlaut geschr. ch oder x,
auch ich, ix, wo i aber nicht gesprochen. grassja-greicho,
grecho, groche; grassju-greich, grech; grassjare-grecha;
greichoun, La set autant ardento, Tant que n'è vin, coumo
un greichoun m'escots. (D'Astros). bassjare-abacha: Quoan
hou ditte la misse, alucan lours candelles, Sortin en
abachan lours coisures de telles, Puilax etc. Fond. 2019/20.
Boutz hèro basce ib.
ssj ist erhalten in pressione-pressiéu. sj in plusjores-
plusiars.

5. Die Nasalen.

nj ergab wie auch sonst im Provenzalischen mouilliertes
n. Die Schreibung variiert wie bei mouilliertem l, doch
überwiegt auch hier nh. Zuweilen wird selbst einfach n
geschrieben, dass.dies n mouilliert gesprochen, sehen wir
daraus, dass z. B. vinja in Lézat 75 v. bina und binha
geschrieben wird.

toul. bina, binha Léz 75 v. senor ib 1232. bina, Monts
1235 uina ib 1236 senor ib 1179. arm. senior Auch C. n.
XV. senor Auch 1257. ariège uinha Mas d'Azil 1150.
agen senhoria Cast 1270. bord. senhor Sauve 1240. S⁰ Cr.
1235. vinha S¹º Cr 1234 binha 1235; senher 1237,38, Feuil
1237. castanched p 39. binau Sordes p 118, vinhau ib 123.
senier, senoria Big 1256, ingenju-gein ib sartanha Gab 1258.
bé segnor Orth 1246, seinor Soul 1252, seynhor, seynhoria
Sauvet. 1253. senhor, campagna, companhie Olor. big.
bigna Big 6 r, senhor 6 v, montagne 8 v, moseigner 14 r,
senhoria 15 v, bignhe Bagn 1251, 1260, segnor 1260. bigne
seignor Bordères 1272, geng Tarbes 1575, mozeigner 1285,
geing 1281, castagneda Big 3 v.

Heute ist es ebenso, doch findet man häufiger gn als
nh geschrieben, vielleicht durch französischen Einfluss.
Lespy verlangt nh. (Gram. bé. 111.)

Qui au bosc déu senhou pren un aglan Il déu un

casso au bout de cènt ans. (Prov. 9.) L'abesque und lous
senhous aben ferme legut Co qui hens l'ordenance ere au
long contiengut. Fond. 2081/2. Noste seigne nou bo que
pax D'Astr. 97. A. mounseignou d'Éspernoun, und mousseigne. D'Astr. 30. Castanja-castanho: Lou boun Diéu
castanhos da A᷄qui nou las sap pela (Pr. bé.) castanhino
(noche de couleur châtain) Tirats, au noum de Diéu! sus,
anen Castanhino (Pastourale bé) frk sunja : besonjare-be-
sounha, davon besounh: Tu noun as pas besoing, jou cresi,
Tout en un cop de dus pareils. D'Astros p. 126. grunnjare
(ire)-grugna, grugni; besser grunha. Davon grounh: grounh
leitat-laiteron, plante. balneare mit Synkope des l: banha.
Taut si soun banhadetos Pendent dus ou tres mes (Ch.
pop. bé) balneator-banhaire: Que d'estranhès, que, de ban-
haires Jasmin. (balnearju-banhèro. baniu: Et meileu lou
baniu que n'ey pas abrucat. Fond. 1481. vinja-binhe-Et
sus la terre hou lou perme deus vignes. Fond. 878. caronja-
caronhe: la moindre carroigne ib 804. weidanjan-goadanha:
Pocq bolin goadaigna lou paradis per hami ib 803. men-
tionja-mensonhe davon mensonhè: Per la facilitat deus
sprits trop leuges Que son here souben creduts lous men-
sonhès. ib 2589/90.

Im Auslaut wird zuweileu n oder in geschrioben, die
Aussprache ist trotzdem die eines mouillierten n: Junju-
Jun und Juin: Jun, La dalho au pung (Pr. g). Für pung
(pugnu) finden wir auch punh geschrieben: J còumti coum
sus u punh de pus.

Umgekehrt wird schon in den Texten selbst des 11.
Jhdts. n ausgelassen und entweder h oder i dafür geschrieben, besonders in Armagnac und Toulouse. Für
den Inlaut findet sich aus unserer Zeit kein Beispiel, doch
darf man wohl annehmen, das die Artikulation des n
schwach gewesen. Im Auslaut fehlt n auch jetzt häufig.

arm. castahied Auch 1062. montaia S᷄ J. du M. XI᷄
seiorie Auch 1256 vinja-bighe ib und 1259. toul. seior,
seios, sciors, compaia Léz. 1189.

Heute im Auslaut: castangu-castai, cangu-coui neben counh.

Fremdwörtlich ist: Anthoni, matrimoni: Ed ere fray cadet de nouste ducq Anthoni Dab la princesse Jeanne unit en matrimoni Fond. v 1555/6. patrimoni ib 1648. ndj wird mouilliertes n.

big verecundja - bergonhe Bagn 1251, verecundju-Bergogn Big 8 r. bergouinho: Tu couhounous, Guiraud, de bergouigno et de erento L'aute dio ta sô D'Astr. f'29. mj wird mouillirtes n im Gask. (ebense im Dialekt des Alpes und Rouerges). vendemjare-bendéugna (bord) beregna, bregna(g), [vendegna (alp.) bendegna (rouerg) sonst vendemia] vendemja - bendéugno (bord) beregno, bregno(g) vendemjator- beregnadou(g) beregnade(b) bendéugnaire (bord) beregnaire, gregnaire(g). Lou quonu planta lasbets bignes y bereignes Fond. 577.

Labialisierte Konsonanten.

Im Lat. nur bw (bu). Dieses wurde wu-w. Nun fand unbewusst eine Lautsubstitution statt. Die Gruppe wurde wie germ. w behandelt, für w trat gu ein, dieses wurde dann zu g, im Auslaut zu c. habuit-awi-agui-agi-ac. ac Big 13 v, ag ib 15 v, 16 v, ago ib 15 v, Bagn 1260[1] Soule 1252. agon Soule 1252. habuisse-agos Descort XIIs, Big 16 r S'' Eul 1243, Bordères 1272, Cast. 1262. habuissemu-agosem Auch 1258 habuissent-agossan Big 4 v. debuissat-degos S'' Eul 1243. Cast. 1270. S'' Cr 1290. degossan Cast. 1270 und so noch Moeurs béarn. p. 44 a. 1471: Que no agossen a tenir bestiars, ni far laboradge, mes que agossen a bibre ab lor offici de charpanterie, cum antiquementz aven acostomat et se deve far. — Item que'no agossen ad anar descaus enter las gens deu loc.-Item que no agossen en to molü etc. Auch heute finden sich noch diese Formen: habui etc.: hagouy hagous, hagou etc. (béarn), daneben habouy, habous, habou agoussi und haboussi und durch Contraktion houssi, housses. Seri fort hurous Que l'houssi bèt tros loents, hore deus embirous; abouy (und avuy) (Landes); agouy (avouy accouy) (big.); avuy, augouy (arm); acceri, accegui (aberi) (com.) avuy, augüri, accüri, agüri, aujüri, abüy (g.) — aboussi (agoussi, oussi) (bé, land, big) augoussoy (arm) aguessoy (com) augussi (accuissi) g. debuisset-degues. Si de confessadous n'aboussen heitl'offici Et si lous penitens n'aboussen explicat. Fond. 644/5 4 pu.

In der Verbindung pu ist u als ou erhalten, p wurde wie intervokal zu b: racipuissent-arcebossan Big 4 v, arcebossem, recebos n Auch 1256[1].

Heute recepui-receboui, sapui-sabouy, sabous, sabou (sabouc, sabout) saboum, sabouts, saboun. sapuisset: sabousse: De met que n'at scabousse Anthoni, son marit Fond. 1873.

3. Wu-w-gw-g: movuissent - magossan S[te] Cr 1292 conovuit-conogo Olor, conego S[te] Cr 1252, conovuerunt-conogueron Sauve 1240, conovuissent-conogossan Bagn 1260[2], conogossen ib 1251, reconovuit-rechonego Auch 1260, reconogo Ste Eul 1237, Cast 1256, areconego S[te] Cr 1246, reconovuerunt-reconegoren Cast 1262 S[te] Cr 1291, reconogueren Sauvè 1240.

Heute conovui etc. counegoui, counegous, counegoue, counegoum, counegouts, counegoun. conovuisse-conegousse. Mais esta nou poude qu'ere nou counegousse Que lou ducq sou mérit de l'errou tacat housse? Fond. 1563/4.

D + u. Die Gruppe ist nicht lat., als sie sekundär entstand wurde gw substituiert, doch finden sich bes. im béarn. Formen, in denen u als Vokal erhalten: potuisset-paguoc Auch 1256[1], potuissent-pogassan Feuil 1237. S[te] Cr 1274. pogossen Auch 1256[1] daneben: potuisse-podos Cast 1256, Bagn 1260[1], Tarbes 1285, podassa Bagn 1251. potuissent-podesen Tarbes 1285, podossan Bagn 1251. potuerunt-podrin Big 4 v.

Heute: potui : pouseouy (arm.) pousqueri (com.) pouscüri (g.) poudoui (bé.) potuisse-poudóussei, poudousses, poudousse etc. (bé) pouguèssi, pouguèsses, pouguès etc. (g) James de confessa-s nou-s pouden pas resolbe Ni credoun

quo nat homi eus no poudousso absolbo. Fond. 604. credui-
·regouy neben credouy. (bé.) creduri (g.)
Palatal + u. wurde zu g. placuit-plago Olor placuisse-
·lagos Soule 1252.
Heute plaguesses und plasòussi, jacuisse-jaguèsse,
dicuesse-diguèssi etc.
Im Prétérit disèri, disères, disèc, disèren oder diguèren,
disèrets oder diguères, disèren oder diguèren, digouy,
dizouy, dichouy 3. Person ditz (bé) dizouy (land.) digouy,
dizouy dichouy (big.) digouy, 3. Person digoue. (arm)
didei, dideri, diguey, dizey, 3. Person didec. (com.)
dichouri(g.)